창세기와 생물 이야기

창세기와 생물 이야기

지은이 | 최우성
편저자 | 노휘성
초판 발행 | 2024. 4. 4
2쇄 | 2024. 4. 16
등록번호 | 제1988-000080호
등록된 곳 | 서울특별시 용산구 서빙고로65길 38 두란노빌딩
발행처 | 사단법인 두란노서원
영업부 | 2078-3352 FAX | 080-749-3705
출판부 | 2078-3331

책 값은 뒤표지에 있습니다.
ISBN 978-89-531-4823-9 03230

독자의 의견을 기다립니다.
tpress@duranno.com www.duranno.com

두란노서원은 바울 사도가 3차 전도여행 때 에베소에서 성령 받은 제자들을 따로 세워 하나님의 말씀으로 양육하
던 장소입니다. 사도행전 19장 8-20절의 정신에 따라 첫째 목회자를 돕는 사역과 평신도를 훈련시키는 사역, 둘째
세계선교(TIM)와 문서선교(단행본잡지) 사역, 셋째 예수문화 및 경배와 찬양 사역, 그리고 가정·상담 사역 등을
감당하고 있습니다. 1980년 12월 22일에 창립된 두란노서원은 주님 오실 때까지 이 사역들을 계속할 것입니다.

창세기와 생물 이야기

지은이 · **최우성** 편저자 · **노휘성**

두란노

　　진리를 탐구하고 과학을 배우는 그리스도인들이나 비그리스도인들에게 최우성 박사님이 펴낸 《창세기와 생물 이야기》를 추천하는 것이 내게는 큰 기쁨입니다. 이 책은 하나님의 창조에 관한 진화론자들의 까다롭고 공격적인 질문에 대하여 과학적인 증거들을 활용하여 설득력 있게 답변을 제시하고 있습니다. 진화의 증거로 제시된 것들이 반과학적이거나 비과학적인 것들로 결국은 거짓임을 밝히고 있습니다.

　　이 책은 진화론의 실체와 허구를 적나라하게 드러낼 뿐만 아니라 수십억 생명체들의 각 부품들이 동시에 적재적소에 존재하여야 비로소 세포 하나가 되는, 이런 기적은 지적 설계자인 창조주 없이 절대로 저절로 일어날 수 없음을 정밀하고 객관적이며 과학적인 증거를 제시하고 있습니다. 생명체의 존재가 그 기적을 일으킨 창조주가 계신다는 것을 강력하게 증거하고 있음을 선명히 보여 줍니다.

　　오늘날 과학적으로나 논리적으로나 빈약한 진화론을 수용하여 성경의 진리를 왜곡하고 수정하는 유신진화론자들이 있습니다. 이들은 하나님의 말씀으로 완벽하게 세상이 창조되었다는 성경의 역사를 버렸습니다. 이로 인해 우주 만물의 창조주시요 인간의 주인이시며 우리의 경배와 찬양을 받으실 유일한 왕되신 하나님에 대한 불신을 갖게 하는 것은 물론 하나님의 형상으로 지음 받은 인간의 존엄성을 폐기시키고 있습니다. 또한 첫 사람 아담의 역사성을 인정하지 않을 뿐만 아니라 마지막 아담이신 예수 그리스도의 완전한 구속의 사역을 부인하는 끔찍한 결과를 낳고 있습니다.

이 책을 통해 "독자들과 주님의 교회가 세상의 철학과 이론에 휘둘리지 말고 성경을 하나님의 말씀으로 믿고⋯ 다음 세대에도 그 믿음을 그대로 물려주는 아름다운 일들이 계속 이어지기를 바란다"는 저자의 기도가 이루어지기를 바랍니다.

김종만
前 전주대학교 교수,《하나님을 찾는 지성인》의 저자

기독교가 제안하는 기준들이 주류 문화에서 밀려나는 사회를 탈기독교(Post-Christian) 사회라 한다. 진화론은 탈기독교화를 이끄는 과학주의의 선봉에 서 있다. 과학주의는 유물론, 물질주의, 자연주의라고도 하며 과학만이 진실에 접근할 수 있는 유일한 방법이라 믿는 신념이다. 물질을 이용해 과학적 방법으로 증명이 가능한 경성과학(hard science)에는 물리학, 화학, 생물학이 포함된다. 반면, 생명, 지구, 우주의 기원을 다루는 역사과학이나, 생물분류학, 동물행동심리학 같은 연성과학(soft science)은 과학적 증명이 불가능하다. 진화론은 과학적으로 증명 불가능한 기원론을 다루고 있음에도 불구하고, 공교육을 통해 과학적 사실로 기술되어 모든 국민에게 전파되고 있다. 학교에서 배운 다윈의 진화론을 과학적 진실로 받아들이게 되면, 성경의 창세기 앞부분의 내용들을 신뢰할 수 없게 되고, 그러면 성경을 믿음의 지적 기반으로 삼는 기독교를 버리거나 왜곡된 신앙인이 될 수밖에 없다. 진화론은 하나님의 창조 없이 우주와 생명이 시작될 수 있다는 다윈의 주장을 강화하기 위해 무신론자들이 만들어 낸 이념이다.

　저자는 인슐린이라는 호르몬의 생리학적 기능을 연구한 학자로서 자신이 배운 최신 과학적 지식을 사용하여 성경의 창세기를 공격하는 진화론의 내용들을 비판하고 있다. 이 책을 통해 진화론이라는 이념의 색안경을 쓰고 공부해 오던 과학자들과 과학도들이 먼저 깨어나기를 기대한다. 또한 진화론이라는 이념의 색안경을 쓰고 성경을 공부했던 신학자, 목회자 그리고 모든 그리스도인이 진화론이나 유신진화론의 헛된 이념을 버리고 그 이념 위에 세워져서 하나님보다 더 높아진 자신의 신학을 모두 무너뜨리고, 모든 생각을 사로잡아 예수 그리스도 앞에 무릎 꿇는 명확한 창조 신앙으로 되돌아오기를 기대한다.

류현모

서울대학교 치의학대학원 교수, 분자유전학

　최우성 박사의 《창세기와 생물 이야기》는 창조과학자의 입장에서 성경에 나타난 생물을 바라본 수작입니다. 역사란 그 시대 상황을 대변하는 인간의 기록이란 관점에서 본다면, 현대사회를 지배하는 역사는 철저히 진화론적 관점에서의 세계관을 대변하는 기록이며, 이는 지난 150년간 서구 사회의 주류 철학으로 자리매김해 왔습니다. 최 박사는 한국과 미국에서 생명과학자로서 최고의 학문적인 배경을 가진 신앙인이자 창조과학자로서 성경의 역사가 진화론적인 해석보다 더 설득력 있음을 이 책을 통하여 변증하고 있습니다. 진화론은 과학이고 창조론은 신앙이라는 프레임은 현대 식자층에 고정된 관념으로 자리 잡고 있는 것에 대하여, 이 책은 생명과학자로서 선한 양심을 갖고 도전하고 있습니다. 진화론이 압도적인 이 시대에 성경적인 세계관을 가지고 진화론의 맹점을 공격하는 것은 달걀을 던져 바위를 깨뜨리는 일만큼이나 무모하고 험난할 수 있습니다.

그래서 많은 신앙인들이 이를 포기하고 하나님이 진화의 과정을 사용하여 오랜 시간 동안 창조 사역을 해 오셨다는 유신진화론을 수용하고 있습니다.

최 박사는 과학자로서 잘 훈련된 식견을 가지고 이를 반박하는 작업을 본 저서를 통하여 하고 있습니다. 과거와 미래에 대한 이해와 예측은 과학 영역 밖의 일일 수도 있겠으나, 시대를 초월한 하나님의 말씀의 신실함을 믿고 성경의 역사적 사실을 변증하는 최 박사의 모습은 아름답고 용감하다고 하겠습니다. 진화론을 증명된 과학적 사실로 믿고 하나님의 말씀을 불신하고 교회를 떠나는 청소년들과 이들을 가르치는 교회 지도자와 목회자들이 자세히 읽어볼 만한 좋은 책이라고 여겨서 기꺼이 추천하는 바입니다.

서병선
한동대학교 명예교수, 생명과학

최우성 박사님은 생리학을 전공하고 인슐린에 대해 연구한 과학자입니다. 서울대, 카이스트를 거쳐 서던캘리포니아대학(USC)의 연구원으로 계시다가, 창조를 연구하는 전임사역자로 헌신하면서 많은 글을 쓰셨는데, 이 책은 '성경의 역사'를 바르게 이해하도록 창세기의 주요 흐름을 따라 생물의 역사를 설명하였습니다.

최 박사님은 암투병을 하시다가 2021년 9월에 하나님의 부름을 받으셨습니다. 이른 나이에 세상을 떠나시게 되어, 마지막 원고를 또 한 분의 귀한 사역자이신 노휘성 소장님께 주셔서 이 땅에 탄생하게 되었습니다. 이 책의 저자인 최우성 박사님도 귀하시고, 지구과학 교사로 학생들에게 성경적 입장을 잘 설명하는 역할을 하시다가 이 일을 더욱더 잘 감당하기 위해 철학으로 박사 학위 과정을 공부하는 중에 이 책의 편집을 감당하신 노휘성 소장님도 귀하십니다.

성경을 그대로 믿으면서 과학적 사실을 성경의 가르침에 부합하게 설명하는 이런 노력이 후대를 든든하게 할 것입니다. 한편으로는 진화론이 우리와 젊은이들과 어린이들을 흔들고 또 한편으로는 유신진화론으로 유혹해서 성경에 충실하지 못하게 하는 흐름이 도도하게 흘러가는 중에 이렇게 성경을 그대로 믿으면서 성경에 근거해서 사실을 목도하려는 분들이 있어 얼마나 감사한지 모릅니다.

부디 이 책을 읽으면서 성경을 더 순전히 믿어 나가는 사람들이 많아지기를 바랍니다. 이 귀한 분들의 순전한 믿음이 곳곳에서 발견되기를 바라면서 이 땅의 많은 분에게 이 책을 읽기를 추천합니다.

이승구
합동신학대학원대학교 석좌교수, 조직신학

이재만 선교사님의 동역자시던 최우성 박사님의 유고가 책으로 출간된다는 소식에 기쁨을 금할 수 없습니다. 창조신앙 교육 사역에 온몸을 기울이고 계신, 존경하는 노휘성 소장님이 유고를 책으로 정리하면서 저에게 추천사를 부탁하여 큰 영광입니다. 최 박사님과 개인적으로 교제할 기회가 아쉽게 없었지만, 창조과학 사역 관련하여 연락을 주고받으면서, 명석하면서도 마음이 무척 따뜻한 분이라는 것을 알 수 있었습니다. 창조과학에 관한 뜨거운 열정과 해박한 지식을 가진 최 박사님을 하나님이 그렇게 빠르게 데려가신 것이 지금도 아쉬움을 금할 수 없습니다.

이 책에는 최우성 박사님의 말씀에 대한 사랑과 지혜 그리고 선포된 말씀을 좀 더 깊게 이해할 수 있는 창조과학 지식으로 가득 차 있습니다. 창조로부터 시작된 하나님의 놀라우신 설계, 타락한 인류에 대한 하나님의 긍휼, 세상과 과학을 잘못 해석하는 진화론 지식에 대한 경고, 말씀에 입각한 바른 과학 등이 쉽게 이해할 수 있으면서 또한 책으로 깊이 빠져들도록 매력적으로 기술되어 있습니다. 성경과 과학의 조화에 대하여 어려움을 느끼거나 의문이 있는 사람들을 위해 맞춤형으로 준비된 책입니다. 특히 신앙이 세워져 가는 청소년들과 그들을 지도하는 선생님, 부모님들이 꼭 읽어야 하는 책이라고 생각합니다.

이 책을 읽는 분마다 사람과 생명체가 거할 수 있도록 이 세상을 창조하신 하나님의 놀라운 사랑과 지혜를 느끼며, 창조주 하나님을 만나 자신의 정체성을 회복하여 그분께 영광 올리는 귀한 역사가 일어나길 기도드립니다.

이은일

고려대학교 의과대학 명예교수, 고대안산병원 진료교수

성경은 하나님이 말씀으로 천지와 거기 있는 각종 생명체를 만드셨다고 선언합니다. 이 천지창조가 부정된다면 성경은 설 자리가 없고 창조주 하나님과 그 아들 예수 그리스도도 다 허구일 뿐입니다. 기독교는 벼랑 끝에 선 진리입니다. 그런데 오늘날에는 이 벼랑 끝에서 창조의 진리를 밀쳐 내고 우연에 의해 생명체가 만들어지고 각양각색의 생명체들로 진화되었다는 진화론이 다수의 사람들에게 진리처럼 받아들여지고 있습니다. 성경에서 선언하는 창조가 과학적으로 입증하기 불가능한 신앙의 영역이며 진화론이야말로 과학적 팩트에 기반한 학문 체계라고 주장하기 위해서는, 이 책에서 저자가 제기하는 생명체를 구성하는 물질과 생명체들의 오묘한 체계와 질서들이 어떤 과정을 거쳐 과학적 원리를 배반하지 않으면서 만들어질 수 있는지 답해야 할 것입니다.

물론 우리는 믿음으로(by faith) 하나님이 천지를 창조하셨음을 압니다. 또한 창조는 이 지구가 시작될 때 있었던 역사적 사실이지만 성경의 천지창조를 과학적으로 재현할 수가 없습니다. 마찬가지로 진화론에서 가장 작은 생명체인 박테리아가 어떻게 생명 현상을 시작할 수 있었는지를 과학적으로 입증할 수 있는 것도 아닙니다. 다만 진화론적 패러다임에서 가능한 것처럼 설명할 뿐입니다. 최우성 박사가 이 책에서 진화론에 도전장을 던지면서 진화론의 패러다임에 이의를 제기하는 것은 그들에게도 매우 유익한 일입니다. 진정한 과학적 진리는 논쟁을 통해 더욱 단련되고 완전한 진리로 살아남기 때문입니다.

몇 년 전 최우성 박사와 함께 경남 고성에 있는 공룡 발자국 화석을 보러 간 일이 생각납니다. 듬성듬성 움푹 들어간 거대 공룡의 발자국과 옆에 길게 줄지어 있는 사람의 발자국 형태를 따라 걸으며 "공룡과 사람이 함께 공존했던 증거" 라며 좋아하던 최우성 박사가 그립습니다.

임진규

경북대학교 교수, 식품공학부

최우성 박사의 유작인《창세기와 생물 이야기》가 세상에 나오게 된 것과, 이 책을 추천하게 되어 매우 기쁩니다. 최우성 박사와 함께했던 지난 10년간의 창조과학 사역은 개인적으로도 행복한 시간이었습니다. 최 박사의 성경을 사랑하는 마음, 자신의 분야인 생물학적 지식, 성실함은 사역의 많은 열매를 남겼습니다.

이번 책은 그동안 사역을 통해 고인이 간절히 전하고 싶어 하던 내용으로 가득 차 있습니다. 독자들은 책을 읽는 동안 창세기가 단순한 이야기가 아닌 살아 있는 역사의 증거인 것을 깨달음과 동시에 성경과 생물 속에 들어 있는 하나님의 창조 섭리를 발견하는 감격을 누릴 것입니다.

이재만

창조과학선교회 회장

진화론적 그리고 물질주의적 세계관이 지배하는 시대를 살아가는 우리 그리스도인에게 큰 위협 중 하나는 성경이 하나님의 무오한 말씀이라는 사실을 의심하게 하는 것입니다. 이러한 의심의 중심엔 성경에 기록된 세상의 기원과 과거의 역사를 성경대로 받아들이지 못하는 어려움이 있습니다. 이러한 어려움을 극복하는 데 있어 가장 중요하고 시급한 노력은 세상이 주장하는 흠 많은 진화론과 흠이 없는 성경을 적절히 혼합하는 것이 아니라, 진리인 성경을 토대로 불완전한 진화론적 역사관을 걷어 내고 성경적인 세계관을 확립하는 것입니다. 지금은 천국에 계신 최우성 박사님의《창세기와 생물 이야기》는 다양한 각도로 생물 진화론의 모순을 지적하고, 오히려 하나님이 성경대로 창조하셨으며 그곳에 기록된 역사가 사실임을 강력히 변증합니다. 이 책은 우리 깊은 곳에 자리 잡고 있는 진화론적인 생각에서 벗어나게 할 뿐 아니라 성경을 신뢰할 수 있도록 도와줍니다. 이 책을 통해 많은 이들이 성경으로 돌아오고 더욱 신뢰하게 되길 기도합니다.

조희천
리버티대학교(Liberty University) 조교수, 기계공학과

오래전 예배를 마치고 교인들과 인사를 나눌 때, 최우성 장로님이 악수를 하면서 손을 꼭 쥐고는 제 평생에 잊히지 않는 한마디를 하셨습니다.

"목사님, 저는 복음을 듣고 싶습니다."

돌아가신 지금도, 그 한마디는 제 마음을 울리고 있습니다. 장로님이 장래가 촉망되던 USC 연구원 시절, 저희 교회는 이재만 선교사님을 모시고 창조과학 세미나를 하게 되었습니다. 장로님은 그 세미나에 참석했다가, 인생을 이 창조과학 사역에 헌신하는 대전환을 하셨습니다.

20대 어느 날 처음 만난 이후, 저자 인생의 마지막까지 함께하며 동역해 온

증인으로서 저는 이 책의 내용에 전적으로 공감할 뿐만 아니라, 저자의 인격이 함께 읽혀지며, 살아생전 나누었던 여러 말들, 웃음들이 스쳐 지나갑니다. 참 명석한 분이었지만 누구보다 순수했고, 조용했지만 누구보다 열정적이었고, 분명하게 주장했지만 누구보다 인격적이었습니다.

이번에 이 유저를 살펴보니, 고인의 생각과 연구들의 종합판이며, 동시에 요약판 같습니다. 특히 생리학자였던 저자의 지식이 비밀을 풀어놓듯 녹아 있는 모습이 계속 보입니다. 창조주 하나님께 대한 경외와 사랑을 담고, 주권자 하나님께 대한 찬양과 자랑을 담았습니다. 간결했던 말투와 소리 없는 웃음이 떠오릅니다. 그 사랑을 추억하며, 저자의 존재를 담은 이 책을 추천합니다.

주혁로

캘리포니아 주님의빛교회 담임목사

이것은 역사 전쟁입니다. 나라의 외부나 내부적으로 역사를 놓고 벌이는 전쟁은 인류의 타락 이후 늘 있었습니다. 역사 전쟁에서 이기기 위하여 의도적으로 역사를 왜곡하기도 합니다.

인류에게 가장 치명적인 영향을 미치는 역사 전쟁은 창조-진화 역사 전쟁입니다. 창조 진영과 진화 진영의 싸움은 역사 전쟁과 같습니다. 창조와 진화 모두 과거에 일어난 사건에 대한 역사관을 반영하기 때문입니다. 많은 사람이 피상적으로 생각하는 신앙(창조)과 과학(진화)의 싸움이 아닙니다. 진화론은 과학이 아니라 과거를 해석하는 역사관입니다.

천동설과 지동설은 과학 전쟁이었으며, 그 전쟁은 끝이 났습니다. 역사 전쟁은 과학 전쟁과는 달리 끝나지 않습니다. 창조-진화 역사 전쟁은 예수님이 다시 오시는 날까지 끝나지 않을 것입니다.

창조-진화 논쟁은 역사 논쟁이기 때문에 증인의 증언과 증거에 근거하여 판단할 수밖에 없습니다. 창조의 증인은 하나님이십니다. 진화의 증인은 누구입니까? 진화의 증인은 없습니다. 그렇다면 창조가 옳은지 진화가 옳은지를 판단할 수 있는 증거는 있을까요? 물론 있습니다. 화석, 석탄, 석유, 지층 및 현재 지구상에 살고 있는 생명체들과 그들 간의 상호 의존적 관계 등이 그 증거입니다. 이러한 증거들과 창조의 증인이신 하나님의 증언(성경)은 창조와 노아 홍수가 역사적 사실임을 명확하게 알게 해줍니다.

이 책은 창조의 증인이신 하나님의 증언(창세기 1-11장)과 풍성한 증거를 바탕으로 하여 독자 여러분을 진리와 생명의 길로 인도할 것입니다. 진화를 사실로 그리고 과학으로 잘못 알고 있다면, 이 책을 자세히 살펴보아 바르게 판단하고 진리의 길로 들어서기를 간절히 바랍니다.

홍기범
한국창조과학회 광주전남 지부장, 前 호남대학교 교수, 전자공학과

목 차

Ⅰ. 생물의 창조

창세기! 하나님께로부터 주어지지 않았다면 우리 이성으로 도저히 깨달아 알 수 없는 모든 것의 처음 역사가 그 안에 들어 있다. 이 책에는 진짜 우리의 시작을 말해주는 창세기와 더불어 생물의 역사가 여행하듯 저술되어 있다. 이는 과거로의 여행이지만, 그 안에서 펼쳐지는 모든 이야기는 현재를 거쳐 미래로 나아간다. 왜냐하면 나의 시작과 함께 모든 존재에 대한 이해를 아우르는 위대한 이야기이기 때문이다. 혹자는 '우리가 그리스도인으로 살아가는 데 있어 생물의 역사를 아는 게 그렇게 중요한 문제인가?'라는 의문을 가질 수도 있다. 나는 지체 없이 매우 중요한 문제라고 답하겠다. 그리고 한 걸음 더 나아가 독자들과 그 이유를 나누고 싶다. 어느 철학자의 글을 인용한다.

"사물을 어떻게 정의할 것인가 하는 문제를 놓고 벌어진 논쟁의 역사는 동서 철학의 핵심에 해당한다. …시대정신의 역사나 존재 이해의 역사는 사물 이해의 역사 속에서 압축되고 재구성될 때에야 비로소 실제적인 현장 개입의 능력을 획득할 수 있다."_ 김상환,《근대적 세계관의 형성》

어느 시대나 사물 개념을 쥐고 있는 쪽은 현실에 개입할 권한을 얻는다. 반대로 당대의 사물 개념에 반하는 주장은 현실에서 배척당한다. 사물 개념은 존재 이해의 기초이며, 지배적인 존재 이해는 시대 정신을 뒷받침하게 된다. 그러므로 어떤 사물 개념을 갖느냐가 곧 그 시대를 말해 준다. 그러니 사물 개념을 놓고 벌이는 싸움은 결코 작은 싸움이 아니다.

인간이 바라보는 자연적 대상은 크게 세 가지다. 하나는 시공간을 포함한 우주 영역(the heavens)이고, 다른 하나는 우리가 딛고 있는 땅(the earth)이며, 마지막으로 생물(life)이다. 결국 이 세 가지 대상들에 대한 사물 개념이 시대마다 존재 이해를 좌우해 왔다. 그러므로 우주, 지구 그리고 생물에 대한 사물 개념은 논쟁적일 수밖에 없으며, 그 시대의 사물 개념을 아는 것과 그 시대의 세계관을 이해하는 것은 분리되지 않는다.

더 중요한 점은 그리스도인이 성경이 가르치는 우주, 지구, 생물에 대한 사물 개념을 갖추지 못하면 성경이 가르치는 존재 이해에 온전히 이를 수 없다는 것이다. 우리 시대는 두말할 것도 없이 진화론적 사물 개념에 지배를 받고 있다. 창조론적 사물 개념과 진화론적 사물 개념은 19세기 중반부터 치열하게 경쟁해 왔지만, 적어도 지난 한 세기는 우주와 지구 및 생물에 대한 진화론적 사물 이해가 세상을 압도하고 있다. 공적인 자리에서 '창조'를 말하는 것이 매우 부담스럽다는 것이 그 증거다. 오늘날 교회는 어떠한가? 목회자들조차 '창조'에 대해 설교하는 것을 힘들어 한다. 성경이 진리임을 믿는 가정에서조차 자녀들에게 창조에 입각한 양육과 가르침을 제공하기 어렵다고 토로하고 있다. 이러한 증상들은 다 사물 개념을 빼앗긴 데서 비롯되었다.

진화론이 시대 정신이 된 현실 속에서 교회와 성도에게 성경이 가르치는 존재 이해와 그 나라의 정신을 교육하는 것 자체가 하나의 '싸움'이 되었다. 그래서 우리는 함께 답해야 할 질문들을 갖는다. '과연 진화론적 사물 개념은 검증된 사실에 기반하고 있는가?' 우선 이 질문에 대한 선명한 답이 필요하다. 그다음, '창조에 기반한 사물 개념은 무엇인가? 그것은 어떻게 설명되는가? 어린 자녀들을 포함하여 모든 성도들에게 창조에 입각해서 우주와 지구와 그 안에 있는 만물들에 대해 체계적인 사물 개념을 형성시키는 것이 가능한 일인가?' 이 질문들에 대해서도 답이 필요하다. 수많은 연구가 뒷받침되어야 할 것이 틀림없으며, 짧지 않은 답이 다양한 방법으로 제시되어야 함도 틀림없다. 이 책이 바로 '생물(life)'에 대해 그러한 작업을 시도했다.

창세기 앞부분(1-11장)은 하나님께서 인류에게 직접 알려 주신 사물 개념이 압축되어 있는 장들이다. 거기로부터 모든 것에 대한 참된 역사가 시작되고 존재 이해로 나아간다. 창세기는 우주가 어떻게 시작되었고, 무엇을 위해 존재하며, 그 안에 있는 천체들은 어떤 역할을 위해 창조되었는지 알려 준다. 또 창세기는 우리가 사는 지구가 어떤 곳이며, 그 땅이 어떤 거대한 변화들을 겪었는지, 또 그 결과는 무엇인지 알려 준다. 더불어 창세기는 생물의 시작을 알려 주고, 그 완전한 시작을 뒤로하고 인류의 역사와 함께 강등되어 썩어짐에 종노릇하게 된 역사를 알려 준다. 창세기에서 발생한 굵직한 실제 사건들에 대한 이해없이 참된 생물의 역사를 아는 것은 요원한 일이다.

창조-타락-대홍수 심판-바벨탑 사건은 단지 우리에게 영적 교훈을 주기 위해 기록된 '이야기'가 아니다. 우주와 지구가 있은 이래 가장 큰 물리적, 생물학적 변화들을 담고 있는 이 일련의 사건들은 인류와 생물의 역사를 이해하는 근본적인 틀이 된다. 이 책을 읽고 나면, 창세기가 가르치는 세계 이해의 눈이 열리게 되고, 존재의 이해가 분명해질 것이다. 그 모든 것은 참된 복음 이해로 모아지게 된다. 예수님은 "내가 땅의 일을 말하여도 너희가 믿지 아니하거든 하물며 하늘의 일을 말하면 어떻게 믿겠느냐"(요 3:12)고 말씀하셨다. 이 책은 모세가 예수 그리스도에 대해 기록한 "그의 글"이 증거하는 땅의 일을 통해 하늘의 일을 더욱 온전히 믿게 해 줄 것이다. 놓치기 아까운 한 경건한 학자의 고백을 잘 음미해 보길 바란다.

책의 저자인 최우성 박사님은 나를 창조과학 공부로 입문시키신 '바나바'와 같은 분이자, 스승이시다. 나는 최 박사님을 2010년에 L.A.에서 처음 뵈었다. 그런데 하나님은 우리의 만남을 오래전부터 준비하고 계셨다. 최 박사님이 자란 한국의 고향 교회는 다름 아닌 나의 시아버님께서 목회하신 남원의 한 교회였다. 나는 당시 기원의 문제와 관련해 성경적인 창조의 관점으로 전문적인 공부를 하고 싶어 목말라 있었다. 그런데 이전에 전혀 알지 못하던 분을 미국땅에서 기가 막힌 인연으로 만났는데 그분이 창조과학자였으니 놀라울 뿐 아니라 만남 자체가 은혜였다. 최 박사님이 없었다면, 나는 다음 세대를 위한 창조신앙교육 콘텐츠를 개발하고 보급하는 현재의 사역을 할 수 없었을 것이다.

최 박사님은 창조과학 사역에 전적으로 헌신하기 전에 생리학을 전공하고 인슐린에 대해 연구하는 과학자(보다 정확하게 말하면 생물리학자, biophysieist)였다. 서울대, 카이스트를 거쳐 USC(서던캘리포니아대학)의 연구원으로 계시다가, 창조주 하나님을 새롭게 만났고 그 감격이 너무 커서 성경대로 창조와 복음을 증거하는 전임사역자로 헌신하게 되었다. 그후 줄곧 미주 창조과학선교회의 이재만 선교사님과 동역하며 많은 일을 감당하셨다. 성실하고 온유하고 겸손한 그분의 성품대로 쉼 없이 라디오 방송, 신문 칼럼 사역을 하셨고, 많은 미주의 교회들에서 창조신앙 세미나를 열고 창조 탐사 여행을 인도하셨다. 이 책은 사역하는 동안 쓰신 수많은 글들 중 창세기의 주요 흐름을 따라 '생물의 역사'를 바르게 이해하도록 이끄는 글들을 모은 것이다.

진화론은 인류의 역사와 자연사(Natural History)를 분리시켰는데, 이 비틀린 관점으로는 결코 성경적인 창조와 복음을 지킬 수 없다. 이전 세대와 달리 현 세대는 비교할 수도 없이 강화된 진화론 교육을 받고 있으며, 정치, 경제, 사회, 역사, 문화, 생태, 인문학까지도 가속적으로 진화론에 빨려들어 가고 있다. 더 늦기 전에 우리는 창세기와 함께 사물 개념과 존재 이해를 회복해야 한다. 이 책을 통해 많은 목회자, 지성인, 교사, 학부모, 젊은이들이 창세기의 역사를 감격스러운 사실로 만나길 소원한다. 또 소개된 신비로운 생물들의 이야기가 다음 세대로 하여금 창조주 하나님을 경외하도록 가르침과 도전을 주길 바란다.

이 책이 적확한 시기에 출판되도록 도와주신 분들이 많다. 먼저, 한국에 직접 방문하여 원고를 전해 주고 물심양면으로 출판을 도우신 최우성 박사님의 아내 김선희 권사님께 깊은 존경과 감사를 드린다. 언제나 최 박사님의 든든한 지지자인 세 자녀, 지희, 은호, 일호에게도 깊은 사랑을 전한다. 또《빙하시대 이야기》의 공저자인 최우성 박사님을 기리며 두 번째 책의 출판을 결정해 주신 두란노에 감사를 드린다. 생물학 분야의 전문인으로서 원고 교정을 도운 김자영 박사와 그림 작업을 해준 미국의 양영신, 장재원 두 분의 디자이너와 예스티칭연구소의 한세희 자매에게도 감사를 드린다. 이 책의 가치를 알아보고 진실한 추천사를 보내 주신 분들께 심심한 감사의 인사를 드린다.

마지막으로 우리 주 예수 그리스도께 모든 영광을 올린다.

2024년 4월

노휘성
예스티칭연구소 소장

이 책은 성경의 역사를 따라 그 역사적인 맥락에서 그리스도인들이 궁금해
하거나 알아야 할 생물에 관한 기본적인 내용을 정리한 것이다.

과거의 역사는 증인이 없다면 정확히 알기 어렵다. 한번 잃어버린 족보는 다
시 회복시킬 수 없다. 우리나라의 역사가 비록 반만년이라 할지라도 실제로 우리
가 알고 있는 내용은 불과 최근 몇 백 년 사이에 일어난 일들뿐이다. 먼 과거의 역
사는 고려시대에 기록된 삼국사기(三國史記, 1145년)나 삼국유사(三國遺事, 1281년)
를 통하여 이해할 수밖에 없는데, 그마저도 그 기록의 진실성을 확인할 수가 없
다. 가장 오래된 중국의 역사도 기원전 500년경에 살던 공자가 편집한 서경(書經)
을 통한 것이며, 여기에 기록되지 않은 옛 역사는 누구도 알아낼 수가 없다.

하지만 하나님은 모든 것을 알고 계시고 진실하며 살아 계신다. 따라서 하나
님만이 완전히 잃어버린 우리 인류의 역사를 정확하게 말씀해 주실 수 있는 증인
이시다. 그분의 증언이 기록으로 전해졌는데 그것이 바로 성경이다.

우리의 역사는 완전한 창조(creation)에서부터 시작된다. 가장 좋았던 처음
세상은 아담의 타락(corruption)으로 저주받았다. 가시덤불과 엉경퀴가 났고 임

신의 고통이 크게 더해졌으며 영적인 죽음뿐 아니라 육체의 죽음이 왔다. 그 후에도 인류는 더욱더 많은 죄를 지어 전 지구가 파멸되는 격변적인 홍수 심판(catastrophe)을 받게 되었다. 방주에서 구원받은 인류는 또다시 하나님의 명령에 반역하여 바벨탑을 쌓았다. 결국 언어 혼잡(confusion)으로 함께 지내던 노아의 자손들은 가족별로 흩어져 나라와 민족 그리고 인종을 이루어 서로 다투며 살게 되었다.

앞에서 소개한 역사를 지나며 우리 인류는 가장 중요한 세 가지 치명적인 문제를 갖게 되었다. 바로 하나님과의 관계, 환경과의 관계 그리고 이웃과의 관계가 심각하게 망가진 것이다. 인류는 큰 고통 가운데 살게 되었지만 우리에게는 스스로를 구원할 능력이 없다. 따라서 하나님은 고통과 죽음에서 벗어날 수 없는 인류에게 유일한 구원의 길인 예수 그리스도(Christ)를 보내 주셨고 십자가(cross) 형벌을 대신 받게 하심으로써 우리를 구속하셨다. 그리고 마침내 하나님의 모든 선한 뜻을 성취(consummation)하신다.

성경의 역사가 사실이기 때문에, 이 성경을 신뢰하는 과학자들은 세상 과학자들이 깨닫지 못하였거나 풀 수 없는 역사의 수수께끼들도 창조-타락-격변-혼잡의 역사를 통해 의외로 쉽게 깨달을 수 있었고 훨씬 과학적이고 논리적으로 설명할 수 있게 되었다. 이렇게 알게 된 사실들 중에서 그리스도인들이 궁금해하고 알아야 할 생물에 관련된 내용을 요약하여 이 책에 실었다. 필자가 그랬듯이, 독자들도 증인의 말씀을 먼저 들어 본 후에 증거들을 통하여 증인의 말씀이 사실임을 확인하도록 하였다.

우리가 '잃어버렸던' 실제 역사에는 복음이 선명하게 드러나 있음을 알게 될 것이다. 이 책을 통하여 생명에 이르는 진리를 확신하게 될 뿐 아니라 그 역사 뒤에 계시는 창조주 하나님을 명확하게 보게 되고 알게 되어 하나님을 더욱 경외하며 사랑하는 복이 있기를 바란다.

I. 생물의 창조

증인의 말씀

요점 1 | 하나님은 시간, 공간, 물질 그리고 그 가운데 들어 있는 모든 법칙들의 창조자이시며 따라서 주인이시다. 무에서 유가 나타나는 하나님의 창조 기적이 모든 세계의 기원이다.

태초에 하나님이 천지를 창조하시니라 | 창세기 1:1 |

나는 스스로 있는 자이니라⋯ 너희 조상의 하나님 여호와(LORD)
| 출애굽기 3:14-15 |

세계가 다 내게 속하였나니 너희가 내 말을 잘 듣고 내 언약을 지키면 너희는 모든 민족 중에서 내 소유가 되겠고 너희가 내게 대하여 제사장 나라가 되며 거룩한 백성이 되리라 | 출애굽기 19:5-6 |

믿음으로 모든 세계가 하나님의 말씀으로 지어진 줄을 우리가 아나니 보이는 것은 나타난 것으로 말미암아 된 것이 아니니라
| 히브리서 11:3 |

요점 2 | 동물과 식물은 각각 종류대로 창조되었다.
최초의 생명체들은 창조 주간 다섯째 날과 여섯째 날에
창조되었다. 생명체는 피를 가진 것이라야 한다.

하나님이 이르시되 땅은 풀과 씨 맺는 채소와 각기 종류대로 씨 가진
열매 맺는 나무를 내라 하시니 그대로 되어 | 창세기 1:11 |

하나님이 큰 바다 짐승들과 물에서 번성하여 움직이는 모든 생물(life)
을 그 종류대로, 날개 있는 모든 새를 그 종류대로 창조하시니 하나님
이 보시기에 좋았더라 | 창세기 1:21 |

육체의 생명은 피에 있음이라 내가 이 피를 너희에게 주어 제단에 뿌
려 너희의 생명을 위하여 속죄하게 하였나니 생명이 피에 있으므로
피가 죄를 속하느니라… 모든 생물은 그 피가 생명과 일체라 그러므
로 내가 이스라엘 자손에게 이르기를 너희는 어떤 육체의 피든지 먹
지 말라 하였나니 모든 육체의 생명은 그것의 피인즉 그 피를 먹는 모
든 자는 끊어지리라 | 레위기 17:11, 14 |

요점 3 | 사람은 하나님의 형상이며 인류는
한 사람으로부터 시작되었다.

하나님이 이르시되 우리의 형상을 따라 우리의 모양대로 우리가 사
람을 만들고 그들로 바다의 물고기와 하늘의 새와 가축과 온 땅과 땅
에 기는 모든 것을 다스리게 하자 하시고 하나님이 자기 형상 곧 하나
님의 형상대로 사람을 창조하시되 남자와 여자를 창조하시고
| 창세기 1:26-27 |

여호와 하나님이 땅의 흙으로 사람을 지으시고 생기를 그 코에 불어
넣으시니 사람이 생령이 되니라 | 창세기 2:7 |

여호와 하나님이 아담을 깊이 잠들게 하시니 잠들매 그가 그 갈빗대
하나를 취하고 살로 대신 채우시고 여호와 하나님이 아담에게서 취
하신 그 갈빗대로 여자를 만드시고 | 창세기 2:21-22 |

사망이 한 사람으로 말미암았으니 죽은 자의 부활도 한 사람으로 말
미암는도다 아담 안에서 모든 사람이 죽은 것같이 그리스도 안에서
모든 사람이 삶을 얻으리라 | 고린도전서 15:21-22 |

인류의 모든 족속을 한 혈통으로 만드사(made from one man) 온 땅에
살게 하시고 그들의 연대를 정하시며 거주의 경계를 한정하셨으니
| 사도행전 17:26 |

요점 4 | 모든 창조물에는 창조주 하나님의 능력과
성품이 드러나 있다.

집마다 지은 이가 있으니 만물을 지으신 이는 하나님이시라
| 히브리서 3:4 |

창세로부터 그의 보이지 아니하는 것들 곧 그의 영원하신 능력과 신
성이 그가 만드신 만물에 분명히 보여 알려졌나니 그러므로 그들이
핑계하지 못할지니라 | 로마서 1:20 |

창조하시니라

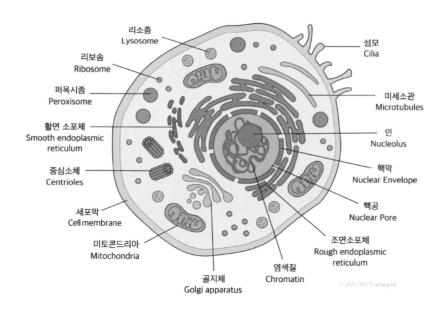

리소좀 Lysosome		섬모 Cilia
리보솜 Ribosome		
퍼옥시좀 Peroxisome		미세소관 Microtubules
활면 소포체 Smooth endoplasmic reticulum		인 Nucleolus
중심소체 Centrioles		핵막 Nuclear Envelope
세포막 Cell membrane		핵공 Nuclear Pore
미토콘드리아 Mitochondria		조면소포체 Rough endoplasmic reticulum
	골지체 Golgi apparatus	염색질 Chromatin

© 2024, YES Teaching lab.

세포의 내부 구조

1. 세포는 기적의 산물

사람의 세포 한 개에는 물과 무기물을 제외해도 약 1조 개나 되는 부품이 들어 있다.[1] 보잉 747 비행기 한 대에 약 600만 개의 부품이 들어가는데, 이 수는 보잉 747 비행기 약 16만 6천 대에 들어가는 부품수에 해당한다. 더구나 세포의 부품들은 사람이 만들 수 없는 것이 대부분이다. 이렇게 복잡한 세포가 무기물에서 저절로 조립된 것일까, 아니면 대단한 지적 존재에 의해 만들어진 것일까?

1950년대 초, 대학원생이던 밀러(Stanley Miller, 1930-2007)는 주의 깊게 선택한 네 가지 대기 성분만을 가지고 생명체의 주요 구성 성분인 아미노산을 합성하는 데 성공했다.[2] 이 실험은 진화론이 제시할 수 있는 유일한 성공적 실험으로서 생명체가 무생물에서 저절로 만들어지는 과정을 입증하는 것으로 여겨졌다. 하지만 지금은 진화론자들마저 이 실험 결과 해석에 이의를 제기하고 있다.

진화론자인 다이슨(Freeman Dyson, 1923-2020)은 이렇게 말했다. "환원 상태의 대기 조건에서 아미노산으로 가득 찬 연못으로 대변되는 그럴듯한 밀러의 그림이 불신을 받기 때문에 새로운 그럴듯한 그림이 등장했다. 이 새 그림은 깊고 어두운 바닷속에 있는 뜨거운 구멍에서 생명이 생겨난다고 한다."[3] 진화론을 지지하는 과학자들조차 밀러의 실험이 진화론의 증거로 부적합하다고 여기는 것이다.

밀러가 만들어 낸 아미노산은 생명체가 필요로 하는 정상적인 단백질의

---

1 Robert A. Freitas Jr., *Nanomedicine*, Landes Bioscience, Table 3-2, 1999. 지름이 20um인 사람의 세포 한 개에 들어 있는 분자 수임.
2 스탠리 밀러는 실험관에 산화력이 높은 산소(O_2)는 제외하고 환원력이 높은 수소(H_2), 메탄(CH_4), 암모니아(NH_3) 그리고 수증기(H_2O)만을 선택적으로 주입하고 전기 방전을 시켜 여러 가지 아미노산이 합성되는 것을 확인했다.
3 Freeman Dyson, *Origins of Life*, pp. 25-26, 1999

재료가 될 수 없다. 생명체의 단백질들은 L-형의 아미노산으로만 구성되어 있다. 하지만 밀러가 만든 아미노산들은 L-형과 D-형(아래 그림)이 50%씩 섞여 있다. 이런 원료를 가지고는 L-형 아미노산으로만 구성되는 생명체의 단백질들을 우연히 만들 수 없다. 특정 분자만을 골라서 결합시키는 의도적인 과정이 동반돼야 하기 때문이다.

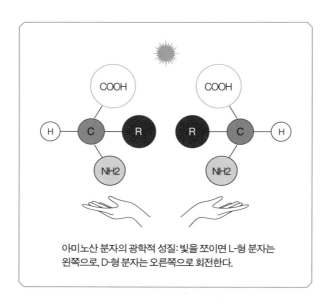

아미노산 분자의 광학적 성질: 빛을 쪼이면 L-형 분자는 왼쪽으로, D-형 분자는 오른쪽으로 회전한다.

밀러 실험의 문제점은 밀러가 죽던 날 로이터 통신을 통해서 다시 한번 적나라하게 드러났다. "밀러와 주류 과학자들은 생명 창조를 이해하기 위해 엉뚱한 곳에서 답을 찾고 있었다. … 그의 가장 큰 업적은 실제로 실험을 수행한 당돌함이었고 이것이 그 분야의 첫 번째 성공이었다."[4] 아직도 많은 교과서들에 소개되고 있지만 밀러의 실험은 생명체가 저절로 만들어졌다는 진화론을 증명하는 실험이 될 수 없다.

---

4 http://uk.reuters.com/article/2007/05/23/uk-science-miller-idUKN2323973520070523

진화는 생명체의 부품들이 조립되는 과정을 결코 해결할 수 없다. 생명 현상을 일으키는 세포가 저절로 형성되려면, 먼저 정상적인 부품들이 모두 만들어져야 하고, 그다음 각 부품들이 3차원의 공간에서 완전한 시스템으로 저절로 조립되어야 한다. 그러기 위해서는 수를 셀 수도 없는 많은 부품이 스스로 제 위치를 찾아가야 한다. 이 과정은 현대의 과학 기술로도 불가능한 것이다. 그러므로 정교하고 복잡한 부품들이 우연히 만들어지고 저절로 조립되어 질서 있는 생명체의 시스템을 이루었다고 믿는 진화론의 주장은 과학 법칙을 무시하는 반과학적 상상이다.[5] 세포는 자연적 화학 반응과 물리적인 과정으로는 만들어질 수 없다.

반대로 세포로 구성된 생명체가 존재하고 있다는 사실은 자연법칙을 뛰어넘는 기적이 있었다는 증거다. 이는 물이 저절로 포도주가 될 수 없는 것과 같은 이치다. 초과학적인 과정이 있어야만 한다. 따라서 창세기 1장의 생명체 창조 과정은 반과학적인 진화론의 주장보다 훨씬 논리적인 설명이다. 모든 세포를 포함하여 생명체는 전능하신 창조자의 작품들인 것이다!

2. DNA가 먼저인가, 단백질이 먼저인가?

닭이 먼저냐, 달걀이 먼저냐? 오랫동안 과학자들이 풀 수 없던 수수께끼였다. 하지만 2010년 영국의 한 연구팀은 달걀 껍데기 형성 과정에 반드시 필요한 '오보클레디딘-17(OC-17)'이라는 단백질이 닭의 난소에서 생성된다는 사실을 밝혔다. 즉 달걀 껍데기가 생성되려면 암탉이 먼저 있어야 하는

---

5 가장 확실한 물질의 법칙인 열역학 제2법칙(엔트로피 증가의 법칙)에 의하면, 모든 시스템은 무질서해지기만 하지 저절로 질서를 잡을 수 없다.

것이다. 이보다 한 차원 더 높은 수수께끼가 있다. DNA가 먼저일까, 단백질이 먼저일까?

단백질은 생명체의 거의 모든 기능을 담당한다. 단백질은 세포 구조물 형성, 물질 수송, 대사를 빠르게 하는 일, 외부 자극에 반응하는 일, DNA 읽기와 복제 등 세포의 거의 모든 구조를 형성하고 활동을 담당한다. 따라서 단백질은 물을 제외하고 세포 무게의 거의 절반을 차지하는 주요 생체 물질이다.

생명체에 사용되는 단백질은 20종류로서, 아미노산들이 마치 실에 꿴 구슬처럼 한 줄로 연결되어 있다. 그런데 이 아미노산의 순서는 DNA의 정보에 근거한다. 그렇다면 DNA가 먼저 있었고 단백질이 나중에 생겼어야 한다. 그러나 문제가 하나 있다.

세포가 DNA의 정보에 맞춰 단백질을 생산하려면 이미 존재하고 있는 단백질이 있어야 한다. 좀 더 자세히 설명하자면, 세포가 단백질 한 분자를 만

폴리펩타이드 결합: 아미노산이 정확한 순서를
따라 사슬처럼 결합을 이룬 고분자 물질이다.

들기 위해서는 DNA의 정보를 읽고 복사하고, 이 복사된 정보에 따라 아미노산들을 연결해야 하는데, 이 모든 과정에는 언제나 여러 '단백질들'이 필요하다. 즉 기능적인 단백질들이 세포 안에 미리 준비되어 있지 않으면 아미노산이 연결되는 반응이 일어나지 않는다. 그렇다면 그 순서를 명령하는 DNA는 아무 의미도 없는 물질일 뿐이다. 단백질이 먼저 있어야 DNA가 정보로서 가치를 갖게 된다. 그렇게 보면 DNA보다 단백질이 먼저 존재해야 한다.

DNA가 먼저일까, 단백질이 먼저일까? 설계도인 DNA가 먼저 있어야 단백질이 생길 것 같은데, 단백질이 만들어지는 과정을 보면 이미 존재하는 여러 단백질이 있어야 하니, 둘 중 어느 한 가지가 먼저 존재하는 것이 아니라 처음부터 두 가지가 동시에 존재하는 하나의 시스템이어야만 한다. 그러므로 DNA나 단백질은 생명체의 시스템을 구성하는 중요한 부품들일 뿐이다. 즉 그 각각이 생명의 근원은 아니다.

DNA의 이중 나선 구조[6]를 확인한 왓슨(James Dewey Watson, 1928-)은 DNA를 생명이라고 했다. 그러나 생명체들과 달리 DNA 스스로는 아무것도 하지 못한다. DNA가 생명이 아니라는 증거다. 사실 세포 수준 이하로 내려가면 DNA뿐 아니라 그 어떤 생명체의 부품에서도 생명체의 특성을 찾아볼 수 없다. 아무리 복잡한 생체 분자라 하더라도 그 각각은 생명 현상을 일으킬 수 없다는 말이다. 이것이 물질이나 물질의 반응이 생명체를 만들 수 없는 이유다. 성경은 생명의 근원이 창조자 하나님에게 있다(시 36:9)고 말하고 있으며, 예수님은 "내가 생명이다"라고 선언하셨다(요 14:6). 각 생명체들의 청사진은 창조주 하나님께 있다.

한편, 어떤 진화론자들은 생명체의 정보인 DNA가 우연히 생겨날 수 있

---

6 DNA는 오탄당-염기-인산의 결합으로 이루어진 고분자화합물이다. 여기서 염기들의 긴 배열이 생체 정보를 담고 있는 부위이다. 염기는 A(아데닌), T(타이민), C(사이토신), G(구아닌) 네 가지가 있으며, A는 T와, C는 G와 결합하여 이중 나선 구조를 형성하게 된다. 사람의 유전체는 약 30억 쌍의 염기 배열을 가지고 있다(편집자주).

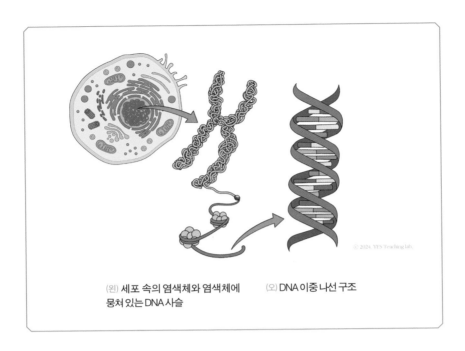

(왼) 세포 속의 염색체와 염색체에
뭉쳐 있는 DNA 사슬

(오) DNA 이중 나선 구조

다고 주장한다. 예를 들어, 원숭이가 계속 타이핑을 하다 보면 의미를 가진 단어가 생겨날 수 있고, 확률이 무지하게 낮기 때문에 시간이 오래 걸리겠지만, 수억 년 동안 계속 시행착오를 하다 보면 문장도 만들어지고, 책도 나올 수 있다고 주장한다. 그럴듯하게 들릴지 모르지만 이렇게 만들어진 DNA는 아무 가치가 없다. 원숭이가 무작위로 타이핑을 하여 우연히 성경책을 썼다 해도 글자를 이해할 줄 모르는 원숭이에게는 성경이 아무 정보도 아닌 것과 마찬가지다.

그 DNA 정보를 읽을 수 있는 존재인 정보 해독 단백질이 먼저 존재해야 어떤 DNA 정보든 비로소 진정한 정보가 될 수 있다. 그래서 생명체의 DNA 정보가 저절로 생겨날 수 있다는 진화론의 주장은 억지다.

더욱이 단백질을 만들고, DNA 정보를 읽고, 복사하고, 운반하는 모든 활동에는 ATP라는 에너지가 필요하다. 그런데 이 에너지를 만드는 기관인 미토콘드리아도 역시 DNA와 단백질로 구성되어 있다. 에너지가 만들어지기 위해서는 DNA와 단백질이 먼저 있어야 하고, 단백질이 생산되기 위해서는 에너지가 먼저 있어야 한다. 결국 세포라는 시스템이 만들어지기 위해서는 세포에 필요한 모든 기관이 동시에 존재해야 한다. 그러니 완벽한 생명체가 동시에 존재하기 시작했다고 말하는 창조가 가장 논리적인 설명이 된다.

생명체 속의 DNA와 단백질들, 다른 모든 생체 부품들 그리고 그들의 상관관계는 다음과 같은 방법으로 동시에 존재하기 시작한 것이다.

하나님이 이르시되 땅은 풀과 씨 맺는 채소와 각기 종류대로 씨 가진 열매 맺는 나무를 내라 하시니 그대로 되어… 하나님이 이르시되 물들은 생물을 번성하게 하라 땅 위 하늘의 궁창에는 새가 날으라 하시고… 하나님이 이르시되 땅은 생물을 그 종류대로 내되 가축과 기는 것과 땅의 짐승을 종류대로 내라 하시니 그대로 되니라(창 1:11, 20, 24).

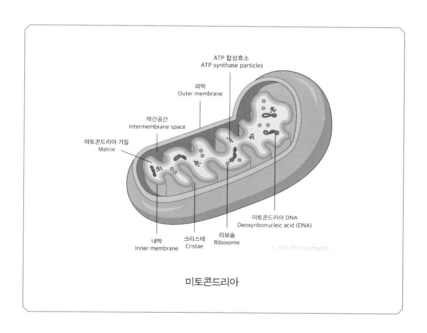

미토콘드리아

DNA와 아미노산을 중개하는 tRNA

DNA에서 3개의 염기는 하나의 의미를 가진 코드가 된다. 이를 코돈(codon)이라 부른다. 하나의 코돈은 아미노산 한 가지를 불러오는 명령어 역할을 한다. DNA 염기는 4가지가 있으므로 3개씩 짝지을 수 있는 가능성이 64가지다. 그래서 아미노산 20가지에 대하여 여러 코돈이 다중적으로 대응을 이룬다.[7]

DNA(RNA) 64가지 코돈

UUU	Phe	UCU	Ser	UAU	Tyr	UGU	Cys
UUC		UCC		UAC		UGC	
UUA	Leu	UCA		UAA	STOP	UGA	STOP
UUG		UCG		UAG	STOP	UGG	Trp
CUU	Leu	CCU	Pro	CAU	His	CGU	Arg
CUC		CCC		CAC		CGC	
CUA		CCA		CAA	Gln	CGA	
CUG		CCG		CAG		CGG	
AUU	Ile	ACU	Thr	AAU	Asn	AGU	Ser
AUC		ACC		AAC		AGC	
AUA		ACA		AAA	Lys	AGA	Arg
AUG	Met	ACG		AAG		AGG	
GUU	Val	GCU	Ala	GAU	Asp	GGU	Gly
GUC		GCC		GAC		GGC	
GUA		GCA		GAA	Glu	GGA	
CUC		GCG		GAG		GGG	

◀ 64가지 코돈과 대응하는 아미노산 종류

아미노산 20가지

그런데 이 DNA 코드와 아미노산은 구조나 성분 면에서 아무 관계도 없으므로 직접 상호작용하지 않는다. 중간에 tRNA(transfer RNA)라는 것이 DNA(mRNA[8])와 아미노산을 중개해야 DNA의 의미가 실제화된다. tRNA 구조를 보면, 끝에는 특정 아미노산을 붙일 수 있는 자리가 있고, 중간에 mRNA(결국은 DNA)와 관계를 맺을 수 있는 루프를 갖고 있다.

---

7   DNA(RNA) 코돈은 64가지인데 아미노산은 20가지밖에 없으므로 하나의 아미노산에 대해 복수의 DNA 코드가 배정된다. 또한 아미노산이 지정되지 않은 코드도 있는데 이 코드는 유전정보의 마지막을 의미한다(위의 표 참고). RNA는 DNA의 상보적인 복사본이므로 이 표를 DNA 코드로 표시할 경우 U는 A, T는 A, G는 C 그리고 C는 G로 바꾸면 된다.

8   mRNA는 DNA에서 특정 단백질을 만드는 정보를 복사하여 단백질을 생산하는 세포소기관인 리보솜에 전달하는 역할을 한다. tRNA는 이 mRNA의 염기서열대로 아미노산 분자를 운반하는 역할을 한다(편집자 주).

tRNA가 없다면, mRNA에 따라 아미노산을 배열시킬 수 없다. 즉 DNA 정보가 무용지물이 되고 만다. 한편, 코돈을 이루는 염기의 순서가 하나만 틀려도 tRNA는 올바른 아미노산을 중개할 수 없게 된다. 인체 내에서 단백질들은 평균 384개 정도의 아미노산을 결합해 만들어지는데, 그중 하나라도 잘못된 아미노산이 끼어들면, 단백질로서 기능하지 못하게 된다. tRNA는 그야말로 mRNA 코돈 순서대로 아미노산을 불러오는 중개 역할만 하는 것이다. 그러므로 세포 안에서 DNA − mRNA- tRNA − 아미노산의 연쇄적인 과정이 모두 정확해야 단백질 한 분자가 생성된다. 이것이 우연히 된 것일까?

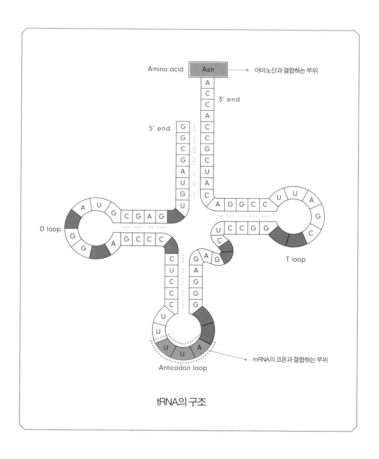

tRNA의 구조

3. 세포막: 세포를 보호해 주는 최첨단 성벽

'세포'라는 말은 단순한 것의 대명사처럼 사용된다. 진화론이 세상에 급속하게 퍼지던 다윈 시대에는 더욱 그렇게 여겨졌다. 그러나 세포는 이 지구 상에서 가장 복잡하고, 가장 정밀하고, 가장 효율적인 시스템이다. 그 한 예로 세포막을 살펴보기로 하자.

세포막은 한 국가의 경계를 이루는 최첨단 성벽에 비유할 만하다. 세포막은 필요한 성분들만 선택적으로 받아들여 세포의 내부 환경을 외부와 다르게 유지하는 역할을 한다. 아래 그림에서 보듯이, 세포막의 기본 구성은 지방(지질)에 인(phosphate)이 붙어 있는 두 겹의 인지질(phospholipids) 막이지만 여러 가지 단백질과 당류(sugars)가 복잡하게 결합되어 있거나 조합되어 있다.

두 겹의 인지질 막은 효과적으로 안과 밖을 구분한다. 인이 붙어 있는 쪽

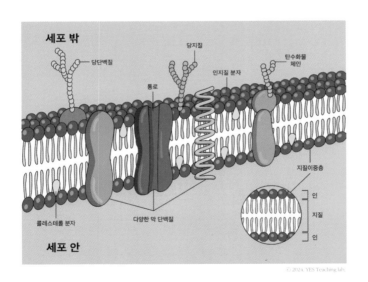

창조자의 능력을 보여 주는 세포막의 구조

은 전하를 띠어 극성이 강한 물과 잘 어울리고, 지질 쪽은 물을 싫어해서 막의 내부로 향하고 있기 때문에, 자연스럽게 막 안쪽과 바깥쪽이 구분된다. 그 결과 두 겹의 인지질 막은 이산화탄소, 질소, 산소 등의 가스를 농도 차이에 따라 자유롭게 통과시키고, 약간의 극성을 띠지만 전하가 없는 물이나 요소, 작은 알코올 분자를 부분적으로 통과시킨다. 하지만 전하를 가진 원자나 큰 분자들은 전혀 통과할 수 없다. 이들의 수송을 위해서는 특별한 문(gate)이 필요하다.

세포막의 가장 중요한 기능은 세포가 필요한 것은 보존하고 필요 없는 것은 세포 밖으로 내보내는 것이다. 이런 물질의 출입을 위해 세포는 아주 정밀하고 특수한 문들을 가지고 있다. 그중에는 수소 이온만 혹은 Na+과 K+ 이온만 혹은 Ca++ 이온만 통과시키는 문, 당류만 통과시키는 문, 지방만 통과시키는 문 등 각종 특수하고 정밀한 문들이 있다. 이 문들은 대개 펌프처럼 에너지를 사용하여 특수한 성분들만을 세포 안으로 들여보내거나 밖으로 내보낸다.

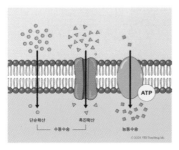
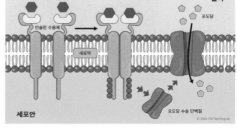

(왼) 세포막의 여러 문(gate)들   (오) 세포막의 인슐린 수용체

세포막에는 세포 외부에서 오는 신호들을 탐지하는 각종 안테나가 붙

어 있다. 예를 들면, 췌장에서 분비된 인슐린은 세포막에 있는 인슐린 수용체(insulin receptor)에만 특이하게 달라붙게 된다. 이 수용체는 세포막을 가로질러 세포 내부로 연결되어 있어서, 인슐린이 달라붙으면 외부의 신호가 세포 안으로 전달된다. 그 신호는 세포 구석구석으로 전달되어 혈액 중에 있는 당을 세포 안으로 수송시킨다. 그 결과 혈당은 내려간다. 세포막에는 인슐린 수용체뿐 아니라 수십 가지의 호르몬 수용체들이 장착되어 있는데, 각각 특정한 호르몬과 결합하여 세포 안으로 신호를 전달하는 최첨단 안테나 역할을 한다.

두 겹의 인지질 막으로 이루어진 세포막을 지나 세포 안으로 들어가면, 또 다른 인지질 막으로 둘러싸인 다양한 방들이 존재한다. 이중에는 세포막처럼 두 겹의 인지질 막으로 둘러싸인 방들(핵, 미토콘드리아, 골지체)이 있고, 한 겹의 인지질 막으로 된 방들(리소좀, 퍼옥시솜 등)이 있다. 세포 내부의 이 방들에서 정보처리, 발전소, 물류 센터, 쓰레기 처리, 방역 등의 각종 신기한 기능들이 수행되고 있다.

세포는 컨트롤 타워도 없는데 가장 작은 공간에서 가장 정밀하게 그리고 가장 효율적으로 움직인다. 모든 것이 자동화되어 있고 최적화되어 있다. 사람이 만든 어떤 시스템보다 정교한 작품이다. 미생물학의 아버지인 파스퇴르(Louis Pasteur, 1822-1985)는 세포를 연구하다가 "깜짝 놀랄 하나님의 손길"이라고 고백했다. 그의 말처럼, 과학이 발달할수록 우리는 더욱더 놀라운 창조자의 손길을 보게 된다(롬 1:20).

미생물은 언제 창조되었을까?[9]

어떤 사람은 인류의 타락 후에 미생물과 바이러스가 생겨났을 거라고 말한다. 그것들이 여러 가지 질병을 일으키기 때문이다. 하지만 대부분의 미생물은 병원균이 아니며 오히려 유익하고 반드시 있어야 하는 존재다. 그렇다면 애초에 미생물이 창조된 이유는 무엇일까? 어떤 창조과학자는 이 미생물들은 다세포 생물이 환경에 접하는 면적을 넓혀 주어 그것들이 번성하고 유지하는 것을 돕도록 창조되었다고 생각한다. 미생물이 식물이나 동물 혹은 사람과 어떤 관계(보통은 공생 관계)를 맺고 있다는 점은 그런 견해를 강화시킨다.

아마도 이 미생물들은 각자 관계를 맺고 있는 식물, 동물 혹은 사람과 함께 완전한 생물학적 시스템(biological system)으로서 해당 창조 날에 만들어졌을 가능성이 높다. 하나님의 완전하신 성품에 따라, 생물계는 처음부터 완전히 성숙한 형태로 창조되었을 것이다.

식물의 뿌리에서 공생하는 박테리아들

---

9   Alan L. Gillen, "Microbes and the days of Creation", *Answers Research Journal 1*, pp. 7 – 10, 2008

4. 목적률(teleonomy): 무생물에는 없지만 생물에는 존재하는 것!

자연에서 아무 제한이 없는 경우, 열은 뜨거운 곳에서 차가운 곳으로만 흐르고, 물은 높은 곳에서 낮은 곳으로만 흐른다. 견고하게 지어진 건축물도, 가장 튼튼한 자동차도, 심지어 바위라 해도 시간이 지나면 철거되고, 폐차되고, 마모되고 만다. 생체 정보인 유전정보도 마찬가지이고 심지어 언어와 같은 비물질적인 것도 시간이 지나면서 점점 무질서해진다. 어떤 것도 시간의 흐름 앞에서는 완벽성을 자랑할 수가 없다. 유한한 우주 안에서는 이런 법칙이 언제나 적용되고 있기 때문이다. 과학자들은 이 절대적인 무질서의 법칙을 열역학 제2법칙이라고 부른다.

그런데 열역학 제2법칙을 거스르는 것처럼 보이는 유일한 존재가 있다. 바로 생명체들이다. 생명체들은 스스로 점점 질서를 잡아 새로워지고 성장해 간다. 생물들은 스스로 점점 자라 감으로써, 시간에 따라 점점 무질서해지는 무생물들과는 완전히 다른 기적적인 존재임을 드러낸다.[10] 그러므로 생명체는 우주에서 가장 경이로운 존재가 아닐 수 없다.

진화론자들은 이렇게 놀라운 생명체들이 우연히 존재하게 되었다고 주장한다. 단순한 물질들에서부터 시작하여 세포에 필요한 분자들이 우연히 만들어지고, 우연히 그것들이 하나의 시스템으로 조합되어 세포가 만들어지고, 그 세포가 수억 년 동안 돌연변이와 자연선택을 거쳐 진화하여 지금의 생명체로 존재하게 되었다고 믿는다. 그런데 이 믿음은 무질서의 법칙인 열역학 제2법칙을 정면으로 부정하는 반과학적인 것이다.

그들의 주장은, 지구는 계속해서 태양으로부터 엄청난 양의 에너지를

---

10 물론 생물의 성장 과정도 생물이 관계하는 환경과 함께 보면 열역학 제2법칙에서 벗어나는 것은 아니다. 생명체에 에너지가 투입됨으로써 질서가 잡힌 상태는 투입된 에너지의 총량보다 적다. 그래서 전체적으로 보면, 이 에너지의 차이만큼 무질서해진다.

받고 있으므로 그 에너지를 이용해 질서도를 높여 갈 수 있다고 말한다. 그러나 이 설명은 사실과 전혀 다르다. 사막의 나무를 예로 살펴보자.

뜨거운 사막에 나무 두 그루가 있는데, 한 나무는 말라 죽어 무생물이 되었고 다른 한 나무는 물을 공급받아 지금도 살아 있다. 죽은 나무와 살아 있는 나무는 태양으로부터 동일한 양의 에너지를 받는다. 이때 무슨 일이 일어나는가? 살아 있는 나무는 더욱 성장하겠지만 죽은 나무는 햇빛을 받으면 받을수록 오히려 더 빨리 분해되어 그 성분들이 더욱 무질서해진다. 죽은 나무도 태양으로부터 똑같은 양의 에너지를 받는데 왜 진화론자들의 주장과는 반대로 무질서도가 증가하는가? 죽은 나무는 스스로 점점 질서를 잡아 성장하게 하는 생물의 '그 무엇'을 잃어버렸기 때문이다.

사막에 죽은 나무와 살아있는 나무

무생물에는 없는데 살아 있는 유기체에만 있는 신비한 그 무엇을 예로부터 과학자들은 목적률(teleonomy)이라고 불렀다. 살아 있는 나무나 막 죽은 나무가 가지고 있는 화학 성분은 같다. 그렇다면 살아 있는 나무가 햇빛을 받아 성장하는 것은 죽은 나무에는 없는 특별한 무엇이 있어서일 것이다. 그것이 목적률이란 것인데, 생명체로 하여금 무질서해지게 하는 힘을 거슬러 질서를 증가시켜 성장하게 하는 것이다.

엽록체와 미토콘드리아의 예를 들어 보자. 살아 있는 식물 속에는 태양 에너지를 받아 사용할 수 있는 시스템이 있다. 엽록체라는 기관인데, 받아들인 빛 에너지는 물과 이산화탄소를 사용하여 당분을 만들고 부산물로 산소를 만들어 낸다. 바로 광합성 과정이다. 미토콘드리아에서는 반대 과정이 진행된다. 당분이 산소를 사용하여 분해되면서 당분에 고정되었던 햇빛 에너지가 생체 에너지(ATP)로 바뀌게 되고 동시에 이산화탄소와 물이 만들어진다. 엽록체와 미토콘드리아는 물과 이산화탄소를 매개로 다른 어떤 손실도 없이 빛 에너지만 생체 에너지로 전환시키는 완벽한 시스템인 것이다.

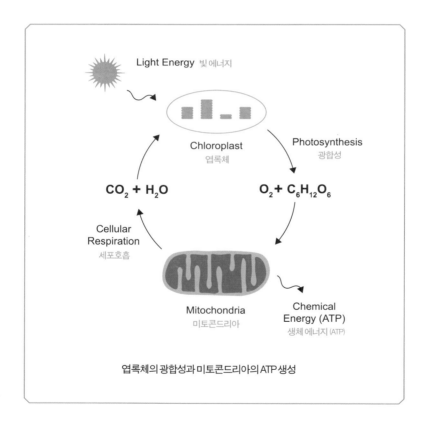

엽록체의 광합성과 미토콘드리아의 ATP생성

엽록체-미토콘드리아 시스템은 물과 이산화탄소에서 시작하여 당분이 되었다가 다시 물과 이산화탄소로 분해되면서 햇빛 에너지를 생체 에너지로 바꾸는 '목적'을 수행하고 있다. 이런 완벽한 시스템이 저절로 형성될 수 있을까? 여기서 햇빛 알갱이인 광자(photon)를 포획하는 장치만 해도 상상을 초월하는 물리 화학적 원리를 필요로 한다. 이런 고도의 시스템이 저절로 생겨났다고 주장할 때 필요한 것은 과학 법칙도 능히 뛰어넘는 믿음뿐이다.

살아 있는 생명체의 셀 수 없이 많은 부품들은 단 하나의 예외도 없이 모두 목적을 가지고 있다. 그러나 물질 자체에는 목적이 없다. 그러므로 진화론은 과연 무엇이 물질에 목적을 집어넣어 고도의 부품들과 시스템이 되게 했는지를 설명해야 한다. '목적률'을 부여할 수 있는 존재는 지성과 인격을 가져야 한다는 것을 고려하면 진화론은 이 문제에 쉽게 답할 수 없을 것이다.

성경은 예수님이 생명이며(요 14:6) 만물이 그로부터 왔다고 가르친다(요 1:3; 골 1:16). 생명 자체이며 창조자이신 예수님이 무생물에 목적률을 불어넣어 생명체가 되게 하셨다. 이 설명만이 무질서의 법칙인 열역학 제2법칙을 거슬러 끊임없이 새로워지고 성장하는 모든 생명체들의 존재를 실제화하는 논리적인 귀결이 된다. 처음부터 완벽한 시스템을 갖춘 생명체를 지으신 창조자는 이렇게 말씀하셨다.

"생육하고 번성하라!"

창조2

종류대로

1. 종류대로: 종(species)과 종류(kind)의 차이

성경에서는 '종(species)'이란 단어 자체를 찾아볼 수가 없다. 성경의 유일한 분류 체계는 '종류(kind)'다. 식물과 동물이 각각 '종'대로가 아니라 각각 '종류'대로 창조되었기 때문이다. 따라서 두 용어의 관계를 명확히 구별할 필요가 있다.

'종'이나 '종류'는 둘 다 교배의 한계를 드러내기 위한 단어들이다. 그러므로 '종' 간 혹은 '종류' 간에는 교배가 되어서는 안 된다. 하지만 동물이건 식물이건 서로 다른 '종' 사이에서 잡종(hybrid)이 생겨나는 경우가 너무 흔하다. '종'의 범위를 너무 좁게 한정했기 때문에 생기는 현상이다. 실제로는 교배가 가능한 그 서로 다른 두 '종'들은 같은 한 '종'으로 묶여야 한다. 그렇게 바르게 정돈이 되면 '종'과 '종류'는 같은 의미, 같은 분류 체계가 될 것이지만, 현실적으로는 그런 시도가 이루어지지 않고 있다.

노아의 방주에 동물들이 탑승한 방식(창 6:19-20)과 이유(창 7:3b)를 보면 '종류'의 의미가 교배의 한계임을 알 수 있다. 씨를 보존하려면 적어도 암수

한 쌍이 필요했다. 한 '종류'는 다른 '종류'와 서로 교배가 되지 않기 때문이다. 따라서 방주에는 각 '종'이 아니라 각 '종류'별로 암수가 쌍으로 들어갔다.

과학 교과서의 분류 체계를 성경과 비교하면, '종류'의 범위가 '종'의 범위보다 훨씬 크다. 즉 한 '종류'는 여러 가지 '종'들을 포함하는 경우가 대부분이다(아래 그림). 예를 들면, 고양이 '종류'는 30여 '종'의 고양이과 동물들을 포함한다. 보통 '종류'의 범위는 '종'보다 2단계 위인 과(Family)와 비슷해 보인다. 예를 들어, 고양이과(Felidae) 안에는 표범, 호랑이, 사자, 치타, 스라소니, 살쾡이, 들고양이, 멸종한 검치호랑이 등 여러 종이 포함된다.

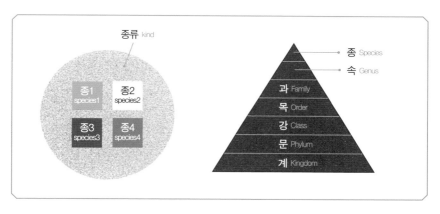

(왼) 종과 종류의 관계   (오) 과학 교과서에서 배우는 생물 분류 단계

2. 식물의 창조: 가장 효율적이고 친환경적인 시스템

창조 주간 제3일째 창조된 식물들은 동물들과 사람에게 먹거리를 제공하는 것이 가장 중요한 존재 목적일 것이다(창 1:29-30).

생물들이 사용하는 거의 모든 에너지는 태양에서 온다. 그런데 동물이나 사람은 태양으로부터 오는 빛 에너지 입자를 직접 포획할 수 없다. 반면 식물은 광합성이라는 놀라운 과정을 통해 빛 에너지를 포획하고 화학 에너지로 전환하여 당(탄수화물)을 합성한다. 탄수화물은 동물들과 사람에게 공급되는 에너지의 근간이며 단백질이나 지질 등을 합성하는 데 필요한 재료다.

하나님은 광합성이라는 가장 효율적이고 친환경적인 시스템을 설계하시고 인간과 동물이 이를 통해 에너지를 얻게 하셨다. 광합성으로 생산된 탄수화물은 미토콘드리아에서 산소가 충분하면 전부 생체 에너지(ATP)로 전환될 수 있다. 반대로 격렬한 운동을 하여 산소가 부족하면 탄수화물이 불완전 산화가 되므로 극소량의 에너지만을 얻을 수 있다. 그런데 광합성 과정에서 물이 분해되어 부산물로 산소가 만들어지므로 탄수화물이 생체 에너지(ATP)로 전환되기에 좋은 조건을 조성한다.

한편, 미토콘드리아에서 탄수화물이 소비되고 나면 이산화탄소가 부산물로 나와 다시 광합성의 재료로 쓰인다. 그러므로 탄수화물의 생산과 소비 과정은 최대의 에너지 효율을 구현하면서도 불필요한 부산물을 전혀 만들어 내지 않는 완전 무공해 시스템인 것이다. 우리가 맛있는 사과를 한 입 깨무는 것은 결국 태양 에너지를 먹는 것이다. 완전하신 하나님은 이렇게 완전한 시스템을 창조하시고 "보시기에 좋았더라"고 말씀하셨다. 단 하나의 원자도 버려지지 않고 최고의 효율로 사용되도록 하시는 하나님은 전능하실 뿐 아니라 사랑이 많으신 창조자임에 틀림없다.

하나님은 창조 주간 셋째 날, "땅은 풀과 씨 맺는 채소와 각기 종류대로 씨 가진 열매 맺는 나무를 내라" 하셨고 말씀대로 되었다(창 1:11). 각종 풀과 채소와 과일나무들이 성숙한 모습으로 창조되었는데 성경은 '종류대로'라는 단서를 붙였다. 종류대로(after their kinds)란 말은 교배의 한계가 있다는 말이므로 모든 종류의 식물들이 동시에 존재하기 시작했다는 말이다.

"콩 심은 데 콩 나고 팥 심은 데 팥 난다"는 사실은 창조의 두 가지 속성을 잘 드러낸다. 하나는 콩은 처음부터 콩이고 팥은 처음부터 팥이므로 진화가 사실이 아니고 창조가 사실이란 말이다. 두 번째는 종류가 다르다는 것이다. 콩과 팥은 심고 거둠이나 꽃이 피고 열매가 맺는 것 등 아주 비슷한 식물이지만 서로 교배가 되지 않는다. 콩꽃의 암술은 오직 콩의 수술에만 반응하여 콩을 맺고, 팥꽃의 암술은 팥의 수술에만 반응하여 팥을 열매로 맺는다. '종류대로' 창조되었다는 성경 말씀과 일치할 뿐만 아니라 검증되는 사실 즉 과학적 사실이다.

BOX 식물은 몇 종(species)이나 창조되었을까?

이 질문은 바른 질문이 아니다. '식물은 몇 종류나 창조되었을까?'라고 해야 한다. 하나님이 종(species)대로가 아니라 종류(kind)대로 창조하셨기 때문이다.

세상에 존재하는 모든 식물의 종(species)을 명단으로 작성하고자 하는 한 기관에 의하면, 현재까지 보고된 식물이 100만 종이 넘는다. 하지만 이들 중 거의 절반은 중복되는 종이다. 현재 확인된 식물은 약 30만 종이다.[11] 그중 26만–29만 종이 꽃을 피우고 씨를 맺는다.[12] 이 종들은 16,167속(Genus)에 들어가고 620과(Family)에 소속된다. 만약 '종류'의 범위가 '과' 수준이라면 620여 종류가 창조된 셈이다. 그리고 수많은 종들은 유전자의 다양한 변이를 통해 분화된 것이라고 볼 수 있다. 다양한 종류(kind) 안에서 다양한 식물들이 번성할 수 있도록 유전정보의 다양성을

---

11 http://www.theplantlist.org/1/ (2014년 3월 15일 복사)
12 http://en.wikipedia.org/wiki/Plant (2014년 3월 14일 복사)

창조하신 분이 바로 우리 하나님이시다.

한편, 식물은 생명체가 아니다. 식물은 동물들과 사람의 먹거리가 되기 위해 존재하는 초록색 물건들(green things)일 뿐이다. 생물에 대한 왜곡된 교육은 극단적인 경우 학생들에게 불필요한 걱정을 안겨줄 수도 있다. 물론 식물 안에는 목적률이 있어 스스로 질서를 증가시키고 성장하며 번식하는 기적을 보여 준다. 하지만 창조자는 식물을 생명(life)체라고 하지 않는다. 미생물도 마찬가지로 생명이 없는 것(thing)이다. 창조자는 오직 피(blood)를 가진 것들에만 생명을 주셨기 때문이다(창 1:21, 24; 레 17:11, 14). 따라서 식물이 죽은 것은 생명이 죽은 것이 아니다.

3. 완벽한 지구에 등장한 첫 생명체들

하나님은 창조 주간 제5일째에 처음으로 생명(life)을 가진 것들 즉 피를 가진 동물들을 창조하셨다. 제4일째가 지났을 때 지구에는 대기, 육지와 그 위의 식물들, 바다가 있었고, 해와 달과 별들이 지구에 빛을 비추고 있었다. 이제 지구는 생명체들을 보존할 수 있는 준비가 된 것이다. 하나님은 여기에 생명을 가진 큰 바다 짐승들(monsters)과 물에 사는 생물들 그리고 날개를 가

물에 사는 생물들과 하늘을 나는 새들

진 새들을 창조하셨다.

창조될 때 수영을 배워야 하는 물고기나, 비행을 연습해야 하는 새들은 없었다. 모든 생물은 하나님의 완전한 성품에 걸맞게 환경에 최적화된 상태로 창조되었다(창 1:20-21). 또 하나님은 그 동물들이 물속과 땅 위에 가득히 번성하도록 복을 주셨다. 즉 곧바로 알을 낳을 수 있는 번식 능력을 가진 성숙한 동물들로 창조하신 것이다.

물에 사는 생물들 중에는 큰 바다 짐승들(great sea monsters)이 특별히 언급되어 있다. 과거에는 이 동물들을 '고래' 혹은 '큰 물고기'로 번역했다(창 1:21). 그러나 여기에 기록된 "큰 바다 짐승들"은 고래가 아니다. 히브리어로 '탄닌(tanneen)'이란 바다 괴물[13]인데 지금은 멸종된 수룡(水龍)으로 보인다. 공룡에 대해서는 뒤에 더 자세하게 다루었다.

물속에 사는 생명체들 중에는 하나님의 능력과 성품을 보여 주는 신기하고 놀라운 동물들이 많다. 현재 가장 큰 동물은 청고래로 알려져 있는데 길이가 30m 무게가 170t이나 되어 공룡보다 더 크다. 입 안에 담을 수 있는 물이 90t이지만 목구멍은 비치볼이 들어갈 정도로 작다. 심장은 소형 자동차와 맞먹는 크기로 600kg이나 된다. 하마 정도의 크기로 태어난 청고래 새끼는 처음 7개월 동안 하루에 400L 이상의 우유를 마시며 무게가 매일 90kg씩 늘어난다.

물에 사는 생물들 중 신기한 몇 가지를 소개한다. 수면 아래에서 빛의 굴절률을 계산하여 물을 뿜어 물 밖에 있는 벌레를 맞춰 잡아먹는 물총고기(archerfish), 민물에서 태어나 바다에 가서 성장한 후 자기가 태어난 곳을 기가 막히게 찾아와 알을 낳는 연어, 알에서 깨어나 4500km나 떨어진 브라질 동해안으로 정확히 찾아가는 녹색 거북, 최고의 밀물 때를 맞춰 바닷가 모래

---

13 "내가…바다 괴물(tanneen)이니이까?"(욥 7:12).

밭에서 기어 나와 알을 낳는 그루니온(grunion) 등 상상을 초월하는 물속 생물들의 생태는 놀라우신 하나님의 능력을 선명하게 나타낸다. 어디 이뿐일까? 자세히 들여다보면 어떤 물속 생물도 사소한 것이 없다. 그 다양한 무늬와 모양과 색깔이며 첨단 유체역학적 구조로 물속에서 자연스럽게 수영하는 거며 그밖에 여러 가지 완벽한 기능들까지, 탄성을 자아내기에 부족함이 없다.

(위) 청고래, 물총고기 (아래) 연어, 녹색 거북

창공을 자유롭게 날아다니는 새들은 또 어떤가? 땅 위에서는 다소 뒤뚱거릴지라도 공중을 날아가는 동안의 그 완벽함이란 경이로움 그 자체다. 깃털의 아름다운 배열과 무늬가 3차원으로 조직되도록 하는 정보는 도대체 어디에서 온 것인가? 새가 날아갈 때 체온을 보호하는 깃털은 같은 두께의 강철보다 더 질기다. 깃털은 개별적으로 조절되는 근육에 의해 각각 움직이고 회전시킬 수 있어서 이착륙 시에 날개를 알맞은 모양으로 변형시킬 수 있다.

더불어 몸무게를 가볍게 하기 위해 속이 빈 뼈 구조는 얼마나 지혜로운가? 새의 뼈에는 많은 구멍이 있지만 버팀뼈들이 받쳐 주어 견고하다. 또한 무게 중심을 날개 아래에 두어서 균형을 잡을 수 있다. 공학자들은 새의 이런 모습을 비행기의 날개와 철골 구조에 적용해 왔다.

　　산소와 이산화탄소 교환을 최대로 할 수 있는 피의 흐름과 여러 공기주머니를 가진 새의 폐는 또 어떤가? 그 구조가 매우 독특해서 풀무형 호흡을 하는 육지동물로부터 어떻게 진화될 수 있었는지 가설조차 세우기가 어렵다. 이 모든 진기한 기관들은 시간과 공간과 물질을 초월한 유일하신 분, 성경의 하나님 그분의 작품이 아닐 수 없다.

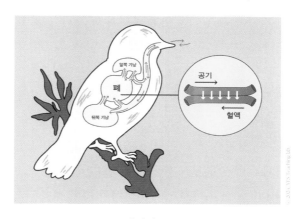

새의 폐 구조

　　창조주 하나님은 욥에게 이렇게 질문하셨다. "타조는 즐거이 날개를 치나 학의 깃털과 날개 같겠느냐?" 타조는 날갯짓을 아무리 열심히 해도 날아갈 수 없다는 말이다. 진화론은 타조가 날아다니는 새였지만 먹이가 풍부하고 천적이 없어지자 뚱뚱해지고 날아갈 필요를 느끼지 못해 지금은 날 수 없게 되었다고 말한다. 그러나 타조의 화석은 예전에도 날 수 없는 모습이었고 원래 날아다녔다는 타조의 조상 화석도 존재하지 않는다. 창조자는 이렇게 말씀하셨다. "그러나 그것이 몸을 떨쳐 뛰어갈 때에는 말과 그 위에 탄 자를 우습게 여기느니라"(욥 39:18). 처음부터 타조는 날지 못하는 대신 잘 달릴 수 있도록 창조되었다는 증인의 말씀이다.

4. 땅에 사는 동물들의 창조: 가축과 공룡

창조 주간 제6일째에는 사람들 가까이에서 살아갈 생명체들을 창조하셨다. 하나님이 가축과 기는 동물과 땅 위의 짐승을 각각 '종류대로' 내라고 땅에게 명령을 하자 그대로 되었다(창 1:24-25). 양과 소 등의 가축과 쥐처럼 기어다니는 동물과 공룡 등 땅 위에 사는 피를 가진 생명체들이 흙으로 만들어졌다(창 2:19). 이들도 사람과 마찬가지로 흙으로 지어졌기 때문에 모든 생명체의 성분은 다 땅에서 발견된다.

땅 위에 사는 동물들의 기원도 역시 초자연적인 창조다. 단세포 생명체가 다세포 생명체로 발전하고 결국 소나 돼지와 같은 동물로 진화했다는 주장은 반과학적이다. 진화가 가능하려면 엄청난 양의 새로운 유전정보가 더해져야 한다. 그러나 지금까지 관찰된 유전 원리는 이런 주장과 반하는 것이다. 동물의 몸을 구성하는 순환계, 신경계, 근육계, 골격계 등 12가지의 계(system)는 서로 의존적이다. 이는 이 계들이 처음부터 동시에 완벽하게 존재해야 했음을 알려 준다. 그러므로 성경에 기록된 처음부터 완전한 생명체의 창조가 동물들의 존재에 대한 논리적인 설명이며, 화석의 증언이며, 전능하고 완전하신 창조자의 성품과도 잘 어울린다.

성경에 의하면, 일부 가축은 처음부터 가축으로 창조되었다. 창조 주간 제6일째에 하나님은 "가축을 그 종류대로" 만드시며 가축과 일반 짐승을 구분하셨다. 또 아담의 아들인 아벨은 이미 양을 쳤으며(창 4:2), 가인의 7대 손인 야발은 유목 생활을 하며 "가축을 치는 자의 조상"(창 4:20)이 되었다. 노아가 방주에 실은 동물에도 가축이 따로 명시되어 있다(창 7:13-15, 8:1). 그러므로 진화론의 주장과 달리, 현재 가축들에는 야생 동물을 길들인 것이 아니라 처음부터 하나님이 사람을 위해 가축으로 창조하신 동물들이 있다. 하나님은 사람이 타락하기 전이나 후에나, 홍수 심판 후에나 그리고 지금도 여전히 가축들이 사람들 가까이에서 살면서 그들을 위해 존재하도록 하신 것이다. 하나님이 특별하게 그리고 여러 번 '가축'을 언급하신 이유는 자신의 형상인 사람과 밀접한 관계를 가지기 때문일 것이다.

'기어다니는 동물'들로는 두더지와 쥐, 도마뱀과 육지 악어, 뱀, 거북 그리고 카멜레온 등의 작은 동물들을 말한다. 이 기어다니는 동물들도 각각 '종류대로' 생명을 가진 존재로 창조 주간 제6일에 지음 받았다.

땅 위의 동물들 중에 빼놓을 수 없는 것이 공룡이다. 성경에도 베헤못 같은 공룡이 등장한다(욥 40:15-24). 공룡은 파충류이지만 조류인 새보다 하루 뒤인 제6일째에 창조되었다. 공룡이란 단어의 의미가 '무시무시한 파충류(terrible lizard)'이듯이 사람들이 공룡을 생각할 때면 대개 집채만 한 크기의 무서운 파충류를 상상한다. 그러나 모든 공룡이 다 큰 것은 아니다. 공룡 중에는 다 자란 성체인데도 수탉 정도밖에 안 되는 것도 있었다. 높이가 10m가 넘고 길이는 20m가 넘는 공룡도 있었으나, 공룡의 평균 크기는 조랑말 정도다.

세속 과학자들은 700여 종(species)의 공룡이 있었을 것이라고 본다. 하지만 창조된 '종류(kind)'로 세어 보면 많아야 70종류에 불과했을 것이고, 나머지는 변이된 형태일 것이다. '종류대로'와 '식물의 종류'에서 설명했듯이, 공룡의 경우도 형태적으로 다른 종으로 분류되었을지라도 서로 교배가 되는 것들이 많았을 것임에 틀림없다. 뒤에 설명하게 될 거의 '무한한 변이의 가능성'을 이해하면 이 설명이 납득이 될 것이다. 창조 주간 제6일째에 창조된 가축을 포함한 모든 땅의 동물들도 "하나님이 보시기에 좋았다"(창 1:25)!

사람과 여러 동물의 크기 비교

5. 교배의 한계

동물이건 식물이건 교배(crossbreeding)의 한계를 정하는 것은 그리 쉬운 일이 아니다. 수백만 종을 대상으로 교배 가능성을 모두 시도해 보기는 사실상 불가능하다. 더욱이 자연 상태에서 교배되는 현상을 관찰하기는 매우 어렵다. 따라서 종의 한계 혹은 종류의 한계를 정하는 것은 매우 어려운 일이다.

개과(Canidae) 동물들의 분류를 보자. 개과 동물에는 개속(Canis), 들개속(Speothos), 승냥이속(Cuon) 그리고 대부분의 여우들이 속하는 여우속(Vulpes), 회색여우속(urocyon) 등이 있다. 종(species)의 수로는 개족 20종과 여우족 15종 등 약 35종으로 분류된다. 하지만 이 종들 사이에서 서로 교배가 이루어지고 있다는 보고가 많다.

늑대, 개, 딩고는 같은 종(Canis lupus)으로 분류되고 실제로 서로 자연교배가 가능하다. 하지만 늑대는 다른 종인 코요테(Canis latrans)와도 교배하여 붉은늑대(red wolf)를 낳는다. 자칼(Canis aureus)도 늑대나 코요테와 거의 구별 없이 자연교배가 되고 생식력 있는 자손을 낳기 때문에 개속(Canis)으로 재분류되었다. 또 과거에는 다른 속으로 분류됐던 북극여우(Alopex lagopus 지금은 Vulpes lagopus로 바꿈)는 붉은여우(Vulpes vulpes)와 교배하여 생식력 있는 자손을 낳기

개과에 속한 동물들: 늑대, 딩고, 코요테, 자칼, 여우, 개

도 한다. 늑대아과족과 여우아과족의 교배는 희귀하지만, 인도의 벵갈 지역의 암여우(*Vulpes bengalensis*)와 개 사이에서 그리고 코요테와 붉은여우 사이에서 새끼를 낳았다는 보고도 있다. 이처럼 개과에 속한 여러 종들은 서로 복잡하게 연결되어 있다.

고양잇과(*Felidae*)는 크게 표범아과족(호랑이와 사자 등 큰 동물들이 포함됨)과 고양이아과족(고양이, 퓨마, 오셀롯 등 비교적 작은 동물들이 포함됨)으로 분류한다. 표범아과족에는 2속 6종이 속해 있고 고양이아과족에는 12속 27종이 속해 있어 고양잇과에는 총 33종이 포함되어 있다.

사자와 호랑이, 사자와 표범, 사자와 재규어, 호랑이와 표범, 재규어와 표범 등 표범속 동물들 간에는 교배가 가능하다는 것은 이미 잘 알려져 있다. 이들 중 어떤 경우는 생식 능력이 있는 새끼가 태어나는 경우도 있다. 고양이속의 고양이(*Felis catus*)와 스라소니속의 붉은스라소니(*Lynx rufus*) 간의 잡종도 보고되어 기존 종 분류의 신뢰성에 의심을 더하고 있다. 표범족에 속한 표범속의 표범족아과(*Panthera pardus*)와 고양이족아과에 속한 퓨마속의 퓨마(*Puma concolor*)가 교배하여 생식 능력이 있는 후손을 낳은 것은 종 분류에 큰 혼돈을 주었다. 이런 사실은 이들이 같은 종류(kind)임을 암시하고 있다. 이는 고양이-오셀롯-퓨마-호랑이-사자의 연결 교배가 가능하다는 증거다. 즉 고양이의 유전자가 간접적으로 사자에게까지 전해질 수 있다는 뜻이다.

말과(*Equidae*)에는 말속(*Equus*) 하나뿐이며 그 안에 야생말, 아프리카 당나귀, 아시아 당나귀, 캉, 그레비 얼룩말, 사바나 얼룩말, 산얼룩말, 이렇게 7종(species)이 속한다. 이들은 모두 서로 교배가 가능한데 거의 대부분 생식 능력이 없다. 노새(*mule*)는 수당나귀와 암말, 버새(*hinny*)는 수말과 암당나귀의 잡종이다. 노새와 버새는 63개의 염색체를 가지고 있는데 64개의 염색체를 가진 말(*Equus ferus*)과 62개의 염색체를 가진 당나귀(*Equus asinus*)가 교배한 결과다. 염색체 수가 다름에도 불구하고 교배하여 잡종을 만드는 것이 이들의 특이점이다. 홀수개의 염색체로 태어나는 잡종 후손은 대체로 번식에 실패하지만, 가끔 생식 능력이 있는 잡종이 보고되기도 한다. 어떤 창조과학자는 이 동물들 전체를 한 종류(kind)라고 생각한다.

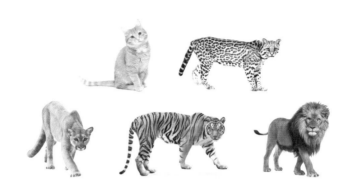

고양잇과에 속한 동물들: 고양이, 오셀롯, 퓨마, 호랑이, 사자

중요한 점은 개과와 고양잇과의 교배는 지금까지 단 한 차례도 성공했다는 보고가 없다는 사실이다. 이렇듯 교배의 한계 안에 있는 종(species)들이 있는 반면에 교배의 한계를 넘어갈 수 없는 다른 종(species)들이 있다. 단언하기 어렵지만, 교배의 한계 안에 있는 종들은 창조된 한 종류(created kind, 히브리어 baramin)일지도 모른다. 다시 말하면, 오늘날 한 종류(kind) 안에는 일상적으로 교배하지는 않지만 교배가 가능한 여러 다른 종(species)들이 포함되어 있는 것이다. 반면에 교배의 한계를 완전히 벗어난 종들은 처음부터 서로 다르게 창조된 다른 종류(kind)인 것이다.

동물은 몇 종류나 창조되었을까?

한 보고서(2011년)에 의하면 지구상에는 약 870만 종(species)의 생명체가 살고 있을 것이라고 한다.[14] 이중에서 동물은 770만 종이 넘을 것으로 예상하는데 현재 확인된 종만 해도 95만 종이 넘는다. 이 동물들 중 95%는 무척추동물이며 무척추동물의 75%는 곤충이다. 또 동물의 5%에 해당하는 척추동물의 절반은 물고기다.[15]
성경에서 정의하는 육체의 생명은 피를 가진 것만을 의미하므로 하나님께서 창조하신 생명체(어류 33000종, 양서류 7500종, 파충류 10000 종, 조류 10000 종, 포유류 5500종)는 66000여 종이다. 그러나 하나님은 생물들을 종(species)대로 창조하신 것이 아니라 종류(kind)대로 창조하셨다. 한 종류의 범위를 과학자들의 분류 체계인 과(Family) 수준으로 보았을 경우, 약 1000종류의 피를 가진 동물들이 창조되었을 것으로 본다.
물론 피가 없는 동물들도 하나님의 창조물임은 말할 필요도 없다. 생명의 피를 가진 동물들보다 20배나 더 많은 피 없는 동물들을 창조하셔서 식물과 다른 동물들이 살아가는 데 필요한 환경을 조성하셨다.

6. C-Value 패러독스

C-Value란 각 생물종(species)이 일정한(constant) 양의 DNA를 가지고 있다는 사실에서 나온 말이다. 그런데 아주 복잡하게 보이는 생명체의 C-Value가 훨씬 간단하게 보이는 생명체의 C-Value 양보다 훨씬 적은 경우가 발견된다. 예를 들면, 간단한 생물의 대명사인 아메바(Amoeba dubia)는 사

---

14 https://www.sciencedaily.com/releases/2011/08/110823180459.htm
15 https://en.wikipedia.org/wiki/Animal#cite_note-IUCN1014-100

람보다 무려 220배나 더 많은 DNA를 가지고 있고, 도롱뇽도 40배나 더 많은 양의 DNA를 가지고 있다. 이렇게 역설적으로 보이는 현상을 C-Value 패러독스라고 한다.

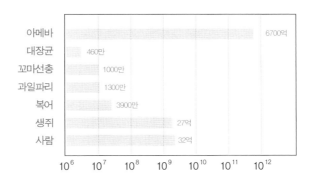

각 생물의 유전정보 양(DNA 염기 수) 비교

"왜 한 종(species)의 생물체는 모두 다 같은 양(C-Value)의 DNA 정보를 가지고 있을까?" C-Value 패러독스를 설명하기 전에 이 질문부터 살펴볼 필요가 있다. 만약 생물이 계속해서 진화하고 있다면 같은 종 안에서도 생명체마다 서로 다른 양의 DNA 정보를 가지고 있어야 할 것이다. 그런데 지구 반대편에 살고 있는 생명체라 해도 같은 종이라면 같은 양의 DNA 정보를 가지고 있다.

진화론은 각 종의 생명체들이 동일한 C-Value를 가진 것에 대해 이렇다 할 대답이 없다. 그러나 증인이신 하나님의 말씀을 통해서 보면 논리적이고 분명한 대답을 얻을 수 있다. 모든 생명체는 '종류대로' 창조되었고 유전법칙에 의해 여전히 같은 종류 안에 머물러 있기 때문이다. 진화라는 현상이 없었기 때문에 같은 종류의 생명체는 언제나 동일한 C-Value를 지금까지 유지하고 있는 것이다.

　이제 C-Value 패러독스에 대해 알아보자. 아메바는 사람보다 220배나 더 많은 양의 DNA를 가지고 있다. 왜 간단하게 보이는 생물이 더 많은 DNA를 가지고 있을까?

　1970년대 초에 과학자들은 드디어 C-Value 패러독스에 대한 이유를 알아냈다고 생각했다. 전체 유전정보 속에는 표현되는 정보가 있고 표현되지 않는 정보가 있되[16] 표현되지 않는 정보의 양이 많으면 더 단순한 생물이라도 더 많은 DNA를 가질 수 있다는 것이다. 다시 말하면, 전체 유전정보와 표현되는 정보인 유전자(gene)의 수는 상관관계가 없다는 논리다. 실제로 사람의 전체 DNA 중에서 표현되는 유전정보는 약 2%에 불과하다. 즉 거의 모든 유전정보가 표현되지 않는 비암호화(non-coding DNA) 상태에 있는 것이다. 그렇다면 사람보다 220배나 많은 아메바의 유전정보는 어느 정도나 암호화된 것일까? 그리고 그 많은 비암호화된 DNA는 왜 존재하는 것일까? 아직 과학자들은 여기까지 연구할 여유가 없다.

　상황이 이렇다 보니, 과학자들은 'C-Value Paradox' 대신 'C-Value Enigma'라는 용어를 선호한다. 역설(paradox)은 설명할 수 없는 것, 수수께끼(enigma)는 과학이 발달하면 설명할 수 있는 것을 일컫는다. 아직 파악하지 못한 비암호화 DNA에 대해 그 양이 얼마나 되는지, 어디서 와서 어떻게 전달되는지, 그 역할은 무엇인지, 왜 그렇게 많이 표현되지 않는 상태로 있는지 등을 앞으로도 다 밝혀낼 것이므로 '역설' 대신 '수수께끼'라고 해야 한다는 것이다. 이 주장은 어느 정도는 사실이지만 '모른다'는 말을 싫어하는 과학자들의 교만이 포함되어 있음도 사실이다.

16　표현되는 정보는 coding DNA(암호화된 DNA)로 단백질에 대한 정보를 가지며, 표현되지 않는 정보는 non-coding DNA(비암호화된 DNA)라고 부르는데, 아직 그 쓰임새가 거의 파악되지 않았다.

한편, 일부 진화론 과학자들은 비암호화된 DNA에 대해 필요 없는 쓰레기 (junk) DNA라고 불렀다. 진화 과정 중에는 필요했지만 지금은 필요하지 않은 부분이라고 생각했기 때문이다. 사람의 맹장이나 꼬리뼈를 '흔적기관'이라고 한 것과 동일한 모습이다. 지금은 과학자들이 '흔적기관'이 아닌 '기능을 잘 모르는 기관'이라고 부르듯이, 비암호화된 DNA를 더 이상 'junk DNA'라고 지칭하지 않는다. 실제로 수많은 유전적인 질병들이 이 비암호화된 DNA 이상으로 생기고 있기 때문이다.[17] 이 표현되지 않는 정보들은 다른 유전자들을 조절하거나 DNA 정보 자체를 보관하는 데도 기여한다는 것이 밝혀졌다.

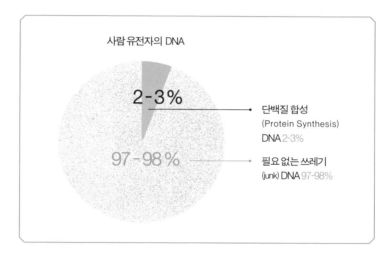

사람 유전자의 DNA

2-3%

97-98%

단백질 합성
(Protein Synthesis)
DNA 2-3%

필요 없는 쓰레기
(junk) DNA 97-98%

인간 게놈에서 암호화된 DNA와 비암호화된 DNA 비율:
과거에는 표현되지 않는 98%의 DNA를 필요 없는 것으로 생각했다.

우리가 아직 그 비밀을 다 알 수는 없지만, '종류대로' 창조된 생물체들

17 K. Harmon, "'Junk' DNA Holds Clues to Common Diseases", *Scientific American*, September 5, 2012. (http://www.scientificamerican.com/article/junk-dna-encode/)

에서 나타나는 C-Value 패러독스에는 창조자의 놀라운 지혜와 헤아릴 수 없이 높은 수가 들어 있는 게 분명하다. 창조주 하나님을 잘 알고 있던 시편 기자는 이렇게 노래했다.

여호와여 주께서 하신 일이 어찌 그리 많은지요 주께서 지혜로 그들을 다 지으셨으니 주께서 지으신 것들이 땅에 가득하니이다(시 104: 24).
하나님이여 주의 생각이 내게 어찌 그리 보배로우신지요 그 수가 어찌 그리 많은지요 (시 139:17).

7. 고정된 종류 vs. 무한한 다양성

C-Value 패러독스에서 본 것처럼 생명체는 각기 '종류대로' 독특한 DNA 체계를 갖는다. 성경에서 '종류'라는 히브리어 단어는 민(min)인데 이 단어의 의미는 '고정되어 있다(fixed)' 혹은 '한계 안에 갇혀 있다(limited)'는 의미를 가지고 있다. 그러므로 '종류대로' 창조되었다는 것은 각 생명체가 창조 이후 다른 종류로 변하지 않고 종류의 한계를 계속 유지한다는 뜻이다.

종류대로 창조된 증거는 화석을 통해서도 확증된다. 한 생물체의 화석은 현재 모습과 동일하다. 찰스 다윈은 자신의 대표작인《종의 기원》마지막 개정판에서 진화의 증거인 중간고리 화석이 단 한 개도 없다고 고백했다.[18] 또 인류는 단 한 번도 진화를 관찰한 적이 없다. 그렇다면 진화의 증거는 과거에도 없고 지금도 없는 것이 확실하다. 반면에 '종류대로' 창조되었다는

---

18 《종의 기원》제6판, p. 413, 1872. "왜 모든 지질층이 중간고리로 가득 차 있지 않을까? 지질학은 그렇게 잘 배열된 생물의 고리를 전혀 보여 주지 않는다. 이 사실이 그 이론(진화론)을 반박하는 가장 분명하고 치명적인 것이다."

성경의 기록과 충돌되는 과학적 사실은 전혀 없다. 유전법칙에 의하면 '콩 심은 데 콩 나고 팥 심은 데 팥 나는 것'이 당연하므로 '종류대로'의 창조는 과학 법칙과 잘 어울리는 사실이다.

　　다양성은 진화의 산물이 아니다. 각 생명체는 부모와 100% 같은 모습으로 태어나지 않는다. 한 부모가 자녀를 아무리 많이 낳아도 그들은 각각 다르다. 이는 진화의 결과가 아니라, 처음부터 유전정보 시스템에 들어 있는 다양한 조합 능력 때문에 구현된다. 진화론은 이를 확대 해석하여 진화의 증거로 삼는다. 그 결과로 나온 단어가 '소진화(micro-evolution)'다.[19] 그러나 이 단어는 잘못 선택된 것으로, 올바른 단어가 있는데 바로 '변이(variation)'다. 그렇다면 변이는 무엇이며 그 의미는 무엇인가?

　　만약 아들은 아빠와 100% 같고 딸은 엄마와 100% 같게 태어난다면 어떻게 될까? 이 세상에 있는 같은 또래의 모든 남자는 다 똑같을 것이다. 또 이 세상의 모든 여자도 나이 차이만 있지 모두 같아 보일 것이다. 개들도 하나같이 똑같고 고양이도 생김새가 다 같다면 어떻게 될까? 변이가 없는 세상은 생각만 해도 끔찍하다. 그러나 지혜롭고 전능하신 창조자는 각각의 생명체가 종류의 한계 안에서 독특한 모습을 갖도록 '다양성'을 디자인하셨다.

　　변이(variation)의 비밀은 유전정보의 재조합(genetic recombination)에 있다. 난자나 정자가 만들어질 때 부모의 유전정보를 그대로 물려주는 것이 아니라 유전정보가 섞여 새로운 조합으로 물려준다. 각 사람은 부모에게서 각각 한 벌(copy)씩의 유전정보를 물려받기 때문에 유전정보가 쌍을 이뤄 두 벌(copy)을 갖게 된다. 각 세포에는 같은 종류의 정보가 두 벌 들어 있지만 두 정

19　소진화(micro-evolution)는 한 종이 다른 유사한 종으로 변하는 것까지 포함하며 대진화(evolution)는 흔히 알고 있는 어류 – 양서류 – 파충류 – 포유류 등의 큰 변화를 말한다. 유전학적으로 소진화는 소량의 새로운 DNA 정보가 더해지는 결과로 생겨난 변화이며, 대진화는 엄청난 양의 DNA 정보가 더해진 결과로 발생한 변화라고 말할 수 있다. 하지만 극소량의 새로운 정보가 더해지는 현상도 관찰된 바 없다. 소진화도 대진화도 없었다는 뜻이다.

보의 성능이 똑같지는 않다. 예를 들면 피부색을 만드는 멜라닌 유전정보를 각 부모에게서 한 벌씩 물려받았다고 할 때, 아빠의 유전정보(M) 발현이 엄마의 것(m)보다 강할 수 있다.

마찬가지로, 머리카락 모양이나 색깔(H, h), 손톱 모양(N, n), 귓불 모양(E, e), 성장 호르몬(G, g) 등 수만 가지의 대립하는 형질이 있는데, 난자나 정자가 만들어질 때는 두 벌 중에 한 벌만 선택된다. 이 과정에서 두 벌의 유전정보 사이의 불특정한 자리에서 정보 교환이 일어난 후 각각의 한 벌로 갈라지기 때문에 부모의 것과 조합이 다른, 전혀 새로운 한 벌의 유전정보가 구성된다. 이 과정이 유전정보 재조합이다. 엄밀히 모든 정보는 부모에게 있던 것이지만, 정보의 조합이 새로워졌기 때문에 닮았으면서도 전혀 다른 자손이 태어나는 것이다.

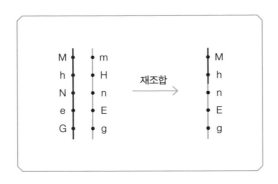

정자나 난자가 생성될 때 일어나는 유전자 재조합: 난자나 정자의 유전정보는 새로운 정보가 더해진 것은 아니지만 완전히 새로운 조합을 갖는다.

유전정보 재조합의 결과로 만들어지는 난자나 정자는 언제나 이 세상에서 유일한 유전정보의 조합이 된다. 각 사람의 경우 약 2만 5000가지의 유전자가 두 벌(copy) 있는데, 각 벌의 유전자는 평균 6.7% 정도 다르다고 한다.

이 유전자들을 가지고 재조합을 시도해 보면 무려 $10^{504} (= 2^{25000 \times 0.067})$이나 되는 서로 다른 조합의 난자(혹은 정자)가 생겨날 수 있다. 우주에 존재하는 원자의 총 수가 10^{80}인 것과 비교하면 사람의 변이 가능성이 얼마나 큰지 짐작할 수 있다. 그런데 실제로 변이는 표현되는 2%의 유전정보(유전자)에서만 일어나는 것이 아니라 98%의 비암호화된 유전정보에서도 일어나므로 변이의 가능성은 그야말로 무한대라고 할 수 있다. 그래서 모든 인류가 한 쌍의 부부로부터 나왔지만 각 사람은 타인과 다른 고유한 존재일 수 있다. 이런 무궁무진한 변이의 가능성은 창조주 하나님의 능력과 지혜를 보여 준다. 다윗의 노래가 그것을 잘 표현하고 있다.

> 하나님이여 주의 생각이 내게 어찌 그리 보배로우신지요 그 수가 어찌 그리 많은지요 내가 세려고 할지라도 그 수가 모래보다 많도소이다(시 139:17-18a).

변이는 변화하는 환경에서 '종류대로' 창조된 생명체가 쉽사리 멸종하지 않는 이유다. 처음 창조된 모든 생명체는 최적의 환경에서 살았다. 하지만 세상은 저주를 받았고, 노아 홍수나 빙하시대의 결과로 추위와 더위가 극심해지고, 사막과 동토 같은 살기 어려운 환경이 되었다. 만일 창조된 각 생명체가 변이하지 못했다면, 일률적인 적응 능력으로 쉽게 멸종하고 말았을 것이다. 그러나 생물의 변이 능력은 다양한 환경 변화에 적응할 수 있는 다양한 개체들을 번식시킨다.

예를 들면, 변이에 의한 다양성은 털이 길어 추운 곳에서 잘 견딜 수 있는 독특한 개, 자외선이 강력한 적도 부근에서도 건강하게 살 수 있는 검은 피부, 지방을 축적해 사막에서도 오랫동안 견딜 수 있는 혹을 가진 낙타가 나오게 한다. 이는 기존 정보에 의한 다양성이 적응력의 스펙트럼을 넓혀 준 것이다.[20] 무한한 변이 가능성에는 '생육하고 번성하라, 땅에 충만하라' 그리고 '다스리라'고 명령하신 창조주의 뜻과 배려가 들어 있음이 분명하다. 그로 인해 지구가 처음 창조 때와 다르게 열악한 환경 변화를 겪어 왔지만 전 지구에 수많은 생물종이 번성할 수 있는 것이다.

8. '생육하고 번성하라'는 명령의 수행

20세기 중엽에 DNA 구조 발견으로 유전학(genetics) 분야의 획기적인 발전이 있었다. 본격적인 유전학은 창조론자 멘델(Gregor Mendel, 1822-1884)에서부터 시작되었다. 당시에는 부모의 유전 형질을 섞어서 물려받거나 어떤 기관을 사용하면 사용할수록 발전된다는 라마르크(Jean Lamarck, 1744-1829)의 용불용설이 지배적이었다.[21] 그러나 멘델은 각 부모의 인자(지금은 유전자로 알려져 있음)가 독립적으로 그리고 조합되어 후손에게 전달된다는 사실을 실험으로 확인했다. 여기서 강조하고 싶은 것은, 어떤 한 유전자도 새로 생겨나는 것이 아니라 부모에게 있던 기존의 유전자가 후손에게 전해질 뿐이라는 것이다. 즉 '유전자 보존의 법칙'을 따른다. 이것이 유전학의 기본 원리다.

유전법칙은 성경의 '종류대로'라는 개념과 정확하게 일치한다. 새로운 유전자가 생겨나지 않으므로 '새로운 종류'가 생겨날 수 없다. 이 현상은 인류가 존재하는 동안 계속해서 관찰해 온 사실이다. 그러므로 기린의 조상은

---

20 최근에 후생유전학이 발달하면서 세포의 화학적 환경 변화가 유전정보를 둘러싼 물질들의 구조 변화를 일으키며, 이를 통해 유전자 발현이 조절될 수 있음을 알게 되었다. 특정 유전정보가 더 발현되거나 덜 발현될 수 있는데, 이러한 변화는 자손에게 물려지기도 한다. 하지만 후생유전 역시 정보의 발현 정도만 바꿀 뿐 염기서열 자체를 증가시키지는 못하므로, 종류 내 다양성에는 기여할 수 있으나 종류를 뛰어넘는 유전적 변화를 일으킬 수는 없다(편집자주).

21 예를 들면, 높은 곳에 있는 나뭇잎을 따 먹으려고 목을 점점 늘이다가 오늘날의 기린이 되었다는 주장

처음부터 목이 긴 유전정보를 가진 기린이었어야 하며, 침팬지의 조상은 처음부터 지금과 같은 모습의 침팬지였고, 사람의 조상도 처음부터 완전한 사람이었어야 한다. 유전학에 의하면 한 종류는 전혀 새로운 유전자를 가진 다른 종류로 바뀔 수 없다.

다시 말해, 우리가 과학적으로 발견하게 된 유전법칙은 '진화'가 아닌 '종류대로'의 번식을 위한 메커니즘이다. 생육(be fruitful)하고 번성(multiply)하는 방법은 교배의 한계 안에서만 가능함을 보여 준다. 즉 종류대로 각 종류 안에서만 자손을 남길 수 있다. 각 생명체는 자기 종류를 안다. 벌이 수많은 식물들의 꽃가루를 암술에 가져오지만 암술은 같은 종류의 수술에만 반응하여 씨앗을 맺는다. 물고기도 물속에 알을 낳고 정액을 뿌리지만 오직 같은 종류의 알과 정자만 반응하여 같은 종류의 물고기가 태어난다. 새들도 육상 동물도 마찬가지다. 자기 종류를 찾지 못해 다른 종류에게 다가가는 동물은 없다.

하나님은 처음 종류대로 창조한 생명체들 외에 더 이상 다른 생명체를 창조하지 않으신다. 다만 물질의 법칙에 따라 유전정보가 재조합되어 각 종류대로 다양하게 생명을 이어 가고 있다. 이는 "생육하고 번성하라"는 명령이 그대로 실현되고 있는 것이다. 복사기는 복사기 설계도를 수도 없이 복사할 수 있으나 그 어떤 복사기도 스스로 설계도 원본을 만들지는 못한다. 그처럼 창조 주간에 '종류대로' 창조된 모든 동물과 식물은 "생육하고 번성하라"는 하나님의 명령대로 유전정보를 복제하고 같은 종류의 후손들을 계속해서 생산하고 있다. 하지만 생물의 설계도인 유전정보 원본을 만들어 내지는 못한다. 이는 전능하신 창조주 하나님만 하실 수 있는 절대 명령이다.

제너럴 셔면, 세계에서 가장 큰 나무

미국 남북전쟁 이후 총사령관이 된 윌리엄 셔면(William Sherman)의 이름을 딴 세쿼이아나무 '제너럴 셔면'은 단일 개체로 세계에서 가장 큰 나무다.[22] 미국 캘리포니아 세쿼이아 국립공원(Sequoia National Park)에 있는 이 특이한 나무는 높이가 약 85m에 달하고, 눈높이에서 나무의 지름이 7.7m, 심지어 55m 높이에서도 지름이 4.3m나 된다. 가지의 지름도 자그마치 2.1m나 된다. 부피는 $1487m^3$이며 둥지만 2000톤이다.

이렇게 키가 큰 나무는 어떻게 꼭대기까지 물을 끌어올리는 걸까? 이것은 오랫동안 과학자들에게 수수께끼였다. 물의 표면장력이 최대로 작용하는 모세관에서도 물은 10m 이상 올라가지 않기 때문이다. 그래서 과학자들은 물이 올라가는 힘으로 잎에서 물이 기화되는 증산력(transpiration tension), 수소 결합에 의한 응집력(cohesion tension) 그리고 뿌리에서의 삼투압(osmotic force) 등을 종합한 이론으로 설명을 시도한다.

최근에 과학자들은 물 수송 과정에서 물길이 끊어지지 않고 계속되는 현상(SPAC, Soil-Plant-Atmosphere Continuum)을 실험을 통해 입증하고 있다.[23] 그럼에도 불구하고 85m나 되는 높은 가지 끝까지 물을 올린다는 사실은 경이로울 따름이다. 창조주 하나님을 경외하는 것이 지식의 근본이다.

---

22 2006년 최고로 키가 큰 나무로 '히페리온(Hyperion)'이 발견되었다. 히페리온은 미국 캘리포니아 레드우드 국립공원에 있는 레드우드로서 높이가 115m에 달한다. 히페리온 이전에는 '제너럴 셔면 트리(General Sherman Tree)'가 세상에서 가장 큰 나무로 알려졌는데, 나무의 부피와 무게를 모두 고려하면 세계에서 가장 큰 나무는 여전히 '제너럴 셔면'이다(편집자 주).

23 McElrone, A. J., Choat, B., Gambetta, G. A.&Brodersen, C. R., "Water Uptake and Transport in Vascular Plants", *Nature Education Knowledge* 4(5):6, 2013

100 (m)
90
80
70
60
50
40
30
20
10
0

우주 왕복선
(SPACE SHUTTLE)

레드우드
(RED WOOD)

세쿼이아
(SEQUAIA)

사람
(MAN)

대왕고래
(BLUE WHALE)

자유의 여신상
(STATUE OF LIBERTY)

브라키오사우르스
(BRACHIOSAURUS)

레드 우드와 세쿼이아 나무 높이 비교

하나님의 형상

1. 흙으로 빚어서

벌거벗은 아담과 하와의 창조 이야기를 입에 담기도 부끄러운 동화 같은 이야기라고 생각하는 사람들이 있을 것이다. 하나님이 흙으로 빚고 생기를 불어넣어 아담이 되게 했고, 다시 아담의 갈빗대를 꺼내서 하와를 만드셨다는 이야기가 신화처럼 들리기 때문이다. 그러나 기원에 대해서 과학적인 논리로 생각해 보면 이 성경의 기록에 전혀 문제가 없다는 결론에 이르게 된다.

에너지 보존 법칙인 열역학 제1법칙을 통해 물질의 기원을 생각해 볼 때, 물질의 창조 사건은 반드시 있어야 한다. 물질 즉 에너지는 저절로 생성되지 않기 때문에 과학 법칙에 의하면 지금 있는 물질도 새롭게 생겨나면 안 된다. 따라서 지금 우주에 있는 물질은 이 과학 법칙을 위반한 초자연적 사건인 기적에 의해 존재할 수밖에 없다. 그 기적이 바로 창조다. 또 에너지의 질에 관한 법칙인 열역학 제2법칙에 의하면, 모든 질서는 깨어진다. 따라서 현재 관찰되는 우주와 생명체의 질서를 생각해 보면 처음이 가장 완벽했어야 한다. 두 개의 열역학 법칙을 적용해 보면, 우주와 생명체는 절대 무에서 가장 완벽한 질서를 가진 상태로 창조된 것이다. 성경은 정확하게 그렇게 말하고 있다.[24][25] 우주는 창조되었으며 맨 처음에 가장 완벽했다.

창조의 목적은 '하나님의 형상'인 사람이다. 창조주 하나님은 창조 첫날부터 최초의 물질인 지구(the earth)를 창조하셨다. 그 후 6일 동안의 창조 행위는 이 지구에 필요한 것들, 더 정확하게 말하면 사람에게 필요한 모든 것을 준비하는 기간이었다(사 45:18). 창조 4일째는 지구와는 비교도 할 수 없이 크고 많은 광명체들[26]로 지구 밖을 장식하셨다. 각 종류의 식물들, 물에 사는 생물들, 날개 가진 생물들 그리고 땅 위에 사는 생물들도 각각 종류대로 창조하셨다. 그리고 맨 마지막에, 창조의 목적인 '하나님의 형상' 즉 사람을 창조하시고 모든 창조를 마치셨다(창 2:1-3).

미켈란젤로의 천지창조

---

24 "믿음으로 모든 세계가 하나님의 말씀으로 지어진 줄을 우리가 아나니 보이는 것은 나타난 것으로 말미암아 된 것이 아니니라"(히 11:3).
25 "하나님이…보시기에 심히 좋았더라"(창 1:31).
26 우주에 존재하는 별의 수='은하의 수'(1000억)×'각 은하에 들어 있는 별의 수'(2000억) = $2×10^{22}$개로 전 지구의 바닷가 모래알과 비슷한 수다.

창조의 결과는 하나님이 보시기에 심히 좋았다(창 1:31). 창세기 1장에서 창조주는 그 창조된 사람이 '자기 형상'이라고 세 번씩이나 말씀하셨고 그에게 모든 피조물을 다스리는 복을 주셨다. 최초의 남자와 최초의 여자를 짓는 과정은 창세기 2장에서 더 상세하게 기록되어 있다.

여기에 창조주와 사람의 관계를 암시하는 '여호와(Lord)'란 단어가 처음으로 등장한다. 창조주 하나님의 이름 '여호와'는 그분이 우리와 상관없는 분이 아니라 '나는 너의 주인'이라고 알려 주는 표현이다. 여기서 '땅의 흙'보다 더 정확한 표현은 '땅의 티끌(dust of ground)'이다. 성경은 사람이 땅의 티끌로 취해졌기 때문에 범죄한 후 다시 땅의 티끌로 돌아간다고 말하고 있다(창 3:19; 고전 15:47). 그런데 사람 몸의 성분들을 땅에서 가져오셨다고 해서 성분의 비율까지 땅의 성분비와 동일하게 하신 것은 아니다. 창조주는 자기 형상을 지으면서 그렇게 단순한 방법을 취하지 않으셨을 것이다.

인체나 생명체의 구성 성분에서 가장 두드러진 점은 흙(ground)에 비해 탄소(carbon)가 엄청나게 많다는 것이다. 이것이 생명체를 유기체(有機體) 즉 탄소가 들어 있는 물체라고 부르는 이유다. 지각의 성분(질량비) 구성에

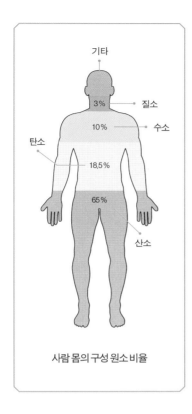

사람 몸의 구성 원소 비율

기타

질소 3%

수소 10%

탄소 18.5%

65%

산소

서 탄소는 17번째 미량 원소로 전체 원소의 0.02%에 불과하다.[27] 그러나 인체에는 산소(65%) 다음으로 많은 성분이 탄소(18.5 %)다.[28] 탄소는 생명체를 구성하는 단백질, 탄수화물, 지질, DNA, RNA, 각종 호르몬 등 거의 모든 생체 분자의 뼈대를 이룬다.

하나님의 형상인 사람은 땅의 티끌로 지어졌을지라도 여호와 하나님이 직접(욥 10:8; 시 119:73; 사 43:7) 손으로 빚고 (formed/fashioned) 그 코에 생명의 기운을 불어넣으셔서 만든 존귀한 존재다. 게다가 창조자가 사람의 몸을 입고 오셔서 대신 죽었을 만큼 소중한 존재가 하나님의 형상인 우리, 사람이다.

2. 하와의 창조와 첫 번째 출생

여자의 창조도 특별하게 이루어졌다. 하나님이 첫 사람 아담을 깊게 잠들게 하신 후에 갈빗대 하나를 뜯어내 그것을 가지고 여자를 빚으셨다 (fashioned, 창 2:21-22). 물론 이 과정도 창조의 기적이므로 신화라는 느낌이

27 http://en.wikipedia.org/wiki/Abundance_of_elements_in_Earth%27s_crust
28 http://en.wikipedia.org/wiki/Composition_of_the_human_body

들 것이다. 그러나 진화나 다른 어떤 방법도 과학 법칙을 위배하지 않고는 사람의 기원을 설명할 수 없기는 마찬가지다. 더군다나 창조를 직접 행하신 분 외에는 그 현장을 아는 존재가 없으므로 우리가 증인의 증언을 신뢰해야 함은 마땅하다. 하나님은 아담과 하와 두 사람의 창조를 마치고 심히 기뻐하며 생육하고 번성하여 땅에 충만하라는 복을 주셨다(창 1:28). 창조주는 완전한 사람의 창조를 통해 가정을 이루게 하셔서 수많은 하나님의 자녀들이 땅에 충만하게 될 것을 바라보셨다.

"남자는 여자보다 갈비뼈 한 개가 적습니까?"

지금도 가끔 이런 질문을 하는 사람들이 있다. 성경을 비과학적인 것으로 보이게 만들려는 사람들이 지어 낸 질문으로 전혀 과학적인 질문이 아니다. 아빠가 사고로 손가락을 잃었다고 그 자녀가 손가락 없이 태어나지 않기 때문이다. 사실 성경 원문의 정확한 표현은 갈비뼈만 한 개 뽑아낸 것이 아니라 옆구리의 살과 피를 함께 떼어 냈다. 그래서 아담이 "내 뼈 중의 뼈요 살 중의 살이라"고 한 것은 정확한 표현이다. 물론 아담은 갈빗대 한 개가 없는 채로 평생을 살았을 가능성도 있다. 혹은 갈빗대가 재생되었을 가능성도 있다. 둘 중 어느 쪽이라도 아담의 옆구리에는 흔적이 남았을 것이다. 이 장면은 마지막 아담으로 오신 예수님의 옆구리가 창으로 찔려 모든 물과 피를 쏟아 낸 사건을 연상시킨다.

범죄한 아담은 "네가 먹는 날에는 반드시 죽으리라"는 명령을 잘 알고 있었기 때문에 하와와의 사이에서 새 생명이 태어나는 것이 얼마나 큰 은혜인지 알았을 것이다. 아담과 하와의 첫 자녀는 아담과 하와와 전혀 다른 방법으로 존재하게 되었다. 그 사람은 부모로부터 태어난 최초의 인류다. 그러므로 지구상에 존재한 인류의 처음 세 사람은 각각 다른 방법으로 만들어졌다. 아담은 땅의 티끌에서, 하와는 아담의 갈빗대로 그리고 그들의 첫 자녀는 우리와 마찬가지로 양부모를 통하여 출생함으로써 존재하게 되었다. 아담은 이 첫 출생을 기뻐하여 "내가 여호와로 말미암아 득남하였다"(창 4:1)고 고백했고, 그의 아내 하와는 아담의 믿음의 고백대로 "모든 산 자의 어머니"(창 3:20)가 되었다.

3. 한자를 통해 본 하나님의 형상

바벨탑을 쌓다가 언어가 섞여 가족별로 뿔뿔이 흩어지게 된 노아의 후손들 중에 한 가족이 중국 땅에 도착했을 것이다. 그들은 하나님을 경외한 사람들처럼 보인다. 적어도 그들은 노아에게서 들은 인류의 역사를 기억하고 있던 사람들이다. 따라서 그들은 글자를 만들 때 그 속에 자신들이 알고 있던 역사적인 내용을 담았다. 이런 연유로 전 인류의 공통 역사인 창세기 11장까지의 단편적인 이야기들이 수많은 한자 속에 삽입되어 있다.[29]

하나님의 형상은 원래 어떤 모습이었을까? 한자를 만든 사람들이 이해하는 하나님의 형상은 다윗이 알고 있던(시 8:5) 것과 마찬가지로 영광스러운 존재였다.[30]

인류의 조상을 의미하는 祖(조상 조)는 示(볼 시) 변에 且(같을 차, 혹은 버금 차)라는 글자로 이루어져 있다. 示는 어디에나 계셔서 보고 계시는 하나님과 밀접한 관계에 있다는 사실은 이것이 들어 있는 여러 한자들을 통해 확인된다. 신(神), 제사(祭祀), 예배(禮拜), 기도(祈禱) 등에 하나님을 의미하는 示가 들어 있다. 즉 인류의 조상인 아담은 하나님에 버금가는 존재였다는 의미다.

---

29 C.H. 강, 《한자에 담긴 창세기의 발견》, 미션하우스, 1991
30 "그를 하나님보다 조금 못하게 하시고 영화와 존귀로 관을 씌우셨나이다"(시 8:5).

영광을 뜻하는 영화 영(榮)은 두 개의 불(火火)과 울타리 그리고 나무(木) 한 그루로 구성되어 있다. 불(火)은 사람(人)에게서 빛이 나는 모습이다. 한 그루의 나무는 에덴동산 중앙에 있던 선악을 알게 하는 나무였을 것이다. 처음 두 사람이 그 나무의 울타리에 있었을 때, 즉 이 나무의 열매를 따 먹기 전 타락하지 않은 하나님의 형상들은 영화(榮, glory)로운 존재였던 것이다.

그러나 선악을 알게 하는 나무 열매를 따 먹은 '하나님의 형상'에게 하나님은 "네가 흙으로 돌아갈 때까지 얼굴에 땀을 흘려야 먹을 것을 먹으리니 네가 그것에서 취함을 입었음이라 너는 흙이니 흙으로 돌아갈 것이니라"고 말씀하셨다(창 3:19). 이 사실은 영(榮)을 변형한 힘써 노동한다는 뜻의 로(勞, 힘쓸 로)와 죽은 사람의 몸이 흙으로 변하는 장소인 무덤 영(塋, 무덤 영)을 남기게 되었을 것이다.[31] 처음 두 사람의 시작과 에덴의 역사가 고스란히 반영된 한자들은 성경 기록의 역사적 사실을 증언하고 있다.

4. 하나님의 형상 예수 그리스도

하나님의 형상인 아담 한 사람이 범죄함으로써 그에게서 나온 온 인류는 죄인이 되었다(롬 3:23; 고전 15:21-22). 생물학적으로도 모든 인류의 세포는 첫 사람 아담의 세포에서 왔기 때문에 결국 인류는 한 몸 아담에게 속해 있다. 아담이 죄로 인해 죽게 되자 아담의 몸에서 비롯된 모든 인류도 죄와 사망의 지배 아래 놓이게 되었다. 그러므로 인류의 모든 죄를 대신하기 위해서도 많은 생명이 필요한 게 아니다. 궁극적으로 아담 한 사람만 죽으면 전

---

31 힘쓴다는 뜻의 로(勞)에는 영화 영(榮)의 나무(木) 대신에 힘(力)이 들어가 있고, 무덤이란 뜻의 영(塋)에는 흙 토(土)가 들어가 있다

인류의 죄는 해결된다. 그래서 한 분 그리스도가 두 번째 아담으로 오셔서 첫 사람 아담 대신 죽으신 것이다(고전 15:21-22, 45). 성경은 아담을 하나님의 형상이라고 부르고 예수님도 하나님의 형상이라고 말한다(골 1:15; 고후 4:4; 히 1:3). 하나님의 형상은 하나님의 형상으로만 대신할 수 있다.

(위) **마지막 아담**
(아래) **첫 사람 아담**

만약 진화론에서 주장하는 인류 역사가 사실이라면 기독교는 성립하지 못한다. 진화론에서는 사람(Homo sapiens)이 존재하기 전에 수많은 유인원의 죽음이 있었다고 말하기 때문에 죽음은 첫 사람의 죄와 아무 상관이 없고 처음부터 있었던 것이 된다. 첫 아담의 죄가 죽음을 불러온 것이 아니라면 죄의 결과가 죽음이란 성경의 주장은 사실일 수 없으며, 두 번째 아담인 예수님이 첫 아담의 죄와 죽음을 대신해 죽을 이유도 없다. 예수님의 죽음으로 인류를 죄와 사망에서 구원했다는 주장도 헛소리가 되고 만다.

진화 역사가 사실이라면 예수님은 필요 없다. 또 죽음이 사람의 죄 때문에 생긴 것이 아니라면 죽음은 하나님의 창조물이 되고 그 죽음을 창조하신 하나님은 선하신 분이 될 수 없거나 전능한 분이 될 수 없다. 따라서 진화론은 마지막 아담인 예수님을 공격하는 대신 예수님의 근거가 되는 역사적인 첫 사람 아담을 부인하려고 안간힘을 쓴다.[32] 첫 아담이 역사적 사실이 아니었다면 마지막

32　진화론이 세상에 발표된 지 100년 후인 1959년에 역사가 John Greene이 저술한 책의 제목이 진화론의 영향을 분명하게 말해 주고 있다. John C Greene, *The Death of Adam: Evolution and Its Impact on Western Thought* (IA, USA: Iowa State University Press), 1959.

아담의 존재는 필요 없게 되기 때문이다.

'하나님의 형상'인 사람은 영광스러운 하나님의 복사판과 같으므로 존귀하고 신성하며, 비록 타락했을지라도 창조자의 생명을 바쳐 회복할 만한 가치가 있는 존재다. 성경에는 하나님의 형상에 대해 실감 나게 느낄 수 있는 기록이 있다. 누가가 기록한 예수님의 족보에는 이렇게 기록되어 있다.

그 위는 에노스요 그 위는 셋이요 그 위는 아담이요 그 위는 하나님이시니라(눅 3:38).

영어 성경은 이것을 "Adam, the son of God"으로 번역하였다. 사람이 누구로부터 기원했으며, 어떤 존재인지 실감 나는 표현이다. 창조된 첫 사람 아담은 곧 '하나님의 아들'이었다. 하나님의 아들은 하나님의 아들로만 대신할 수 있다.

5. 침팬지와 사람의 유전정보

진화론자들은 침팬지와 사람이 400-600만 년 전에 공통 조상으로부터 각각 분리되어 침팬지와 사람으로 진화되었다고 믿는다. 또 침팬지의 유전정보는 고릴라보다 사람에 더 가까운데, 이는 고릴라가 진화해서 갈라져 나갈 때 침팬지와 사람은 아직 공통 조상으로부터 분기되지 않았기 때문이라고 설명한다. 진화론을 믿는 과학자들은 오랫동안 침팬지의 유전정보가 사람과 98.5% 혹은 96% 동일하다는 보고서들을 내고 있다.

그런데 고릴라와 침팬지는 24쌍의 염색체를 가지고 있는데 왜 사람은

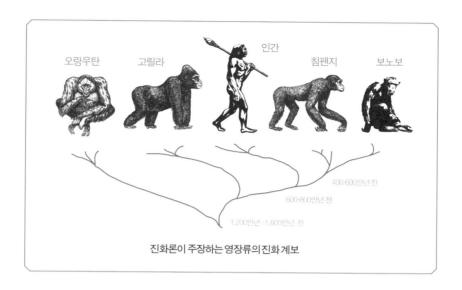

23쌍의 염색체를 가지고 있을까? 진화론자들은 24쌍의 염색체를 가진 공통 조상에서 사람으로 진화하는 과정에서 사람은 작은 염색체 두 개(84쪽 그림의 2A& 2B)가 연결되어 하나로 융합되었기 때문이라고 주장한다. 만약 이 주장 이 사실이라면 융합된 지점에 어떤 흔적이 남아 있어야 하는데 그 흔적을 찾 을 수가 없다.[33]

　진화 과정의 염색체 융합 결과로 사람의 2번 염색체에 들어 있는 정보 가 침팬지 염색체 2A와 2B에 들어 있는 정보와 비슷하다는 주장도 근거가 없다. 실상은 그 염색체에 들어 있는 정보가 너무 커서 과학자들은 아직까 지 사람 염색체와 침팬지 염색체의 유전정보를 정확하게 1:1로 비교해 보 지 못했다. 게다가 기존 생명체의 생식세포에서 두 염색체가 붙는 일이 발 생하고 수정이 되었다면, 그 생명체는 기형이 되거나 치명적이기 때문에 염

33　Jerry Bergman and Jeffrey Tomkins, "The chromosome 2 fusion model of human evolution–part 1: re-evaluating the evidence", *Journal of Creation* 25(2):106 – 110, 2011

색체 접합에 관한 가설들은 허무맹랑할 뿐이다. 인간과 침팬지의 가장 작은 염색체인 Y 염색체를 서로 비교한 결과 침팬지와 사람은 30% 이상 차이를 보인다.[34]

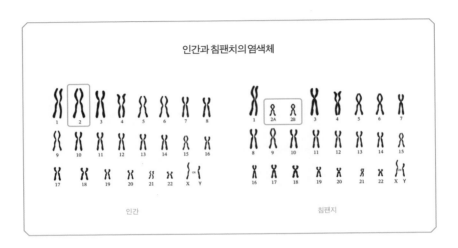

침팬지와 사람의 유전정보가 "99.4% 동일하다" "98% 동일하다" 혹은 "96% 동일하다"는 등 진화론을 지지하는 보고들의 근거는 속임수였다. 진화론에 불리한 데이터는 감추고 유리한 데이터로만 그 숫자들을 만들어 낸 것이다. 지금까지 발표된 데이터들을 정직하게 비교하면 약 70% 같은 것으로 보인다.[35] 진화론 과학자들은 사람과 침팬지가 공통 조상에서 각각 진화되었다는 주장을 뒷받침할 만한 어떤 증거도 찾아내지 못하고 있다.

---

34 Hughes, J.F. et al., "Chimpanzee and human Y chromosomes are remarkably divergent in structure and gene content", *Nature* 463:536 – 539, 2010

35 Jeffrey P. Tomkins, "Comprehensive Analysis of Chimpanzee and Human Chromosomes Reveals Average DNA Similarity of 70%", *Answers Research Journal* 6:63 – 69, 2013

6. 인간의 독특성: 엄지손가락과 그 이상의 것들

진화론자들의 주장은 DNA만 보면 침팬지는 고릴라보다 사람을 더 닮았다고 한다. 그러나 침팬지의 삶은 오히려 고릴라와 유사하다. 많은 진화론자들은 사람이 다른 유인원(apes)보다 나은 것은 사실이지만 정도의 차이일 뿐 근본적인 차이는 아니라고 주장한다. 인간도 단지 영장류의 한 종류일 뿐이라는 것이다. 논리, 언어, 탐구심, 궁금증, 바람, 종교성, 도덕성, 사회성, 창조성, 상상력, 열망, 유머 등의 차이도 정도의 차이일 뿐이라고 말한다. 사람은 단지 정신적인 능력이 더 발달된 '털 없는' 동물일 뿐이라고 믿는다.

육체적인 면에서는 오히려 사람보다 훨씬 뛰어난 재능을 가진 동물이 수도 없이 많다. 침팬지, 고릴라, 오랑우탄 등의 유인원들은 사람보다 훨씬 힘이 세다. 치타는 단거리 선수인 우사인 볼트와 비교할 수 없이 빠르다. 사람은 날개가 없어 스스로 날지도 못하고 독수리처럼 멀리 보지도 못한다. 그런데 어떻게 사람은 이런 동물들을 다스릴 수 있게 되었을까?

동물들도 소리를 통하여 어느 정도 의사소통을 한다. 개나 침팬지는 신호 언어를 배울 수도 있다. 그러나 문법을 갖춘 언어를 사용하는 동물은 없다. 〈사이언스 데일리〉는 사람은 어릴 때부터 문법 구조를 가지고 있지만 침팬지는 그렇지 않다는 연구 결과를 전하고 있다.[36] 목소리를 사용한다고 모두 다 같은 언어가 아니듯 생각하는 뇌가 있다고 다 같은 뇌가 아닌 것이다. 미국의 어바나샴페인 일리노이대학교 연구진에 따르면 사람의 뇌는 복잡한 정보를 처리하는 데 있어서 슈퍼컴퓨터보다도 훨씬 훌륭하다. 약 1000억 개의 뉴런과 100조 개의 시냅스로 연결돼 있는 사람의 뇌는 저장 용량, 즉 기억 용량이 2.5페타바이트(2500테라바이트)에 이른다. 그야말로 인간은 독특하게 명석한 뇌를 가졌다.

---

36 http://www.sciencedaily.com/releases/2013/04/130410131327.htm (2014년 4월 18일 복사)

도구 사용 능력도 언어 능력과 마찬가지로 유사성이 있지만 다 같은 능력이 아니다. 침팬지는 이빨로 나무 막대기를 날카롭게 만들어 사냥할 수 있으며, 이보다 더 많은 도구를 사용하는 남태평양의 뉴칼레도니아(New Caledonia) 까마귀들도 있다. 비버는 사람을 제외하고 가장 훌륭한 건축가로 알려져 있고, 이집트의 독수리는 타조알을 깨는 데 돌을 사용한다. 그러나 이 모든 동물의 타고난 능력은 자자손손 변화가 없다.

진화론의 믿음에 근거한 유사성의 논리가 지나친 비약이라는 것은 조금만 생각해도 알 수 있다. 사람은 매우 특별한 두뇌뿐 아니라 그 생각을 적용할 수 있는 신체를 가지고 있다. 사람은 두 발로 걷는 유일한 존재이면서 동시에 자유로운 두 개의 손이 있다. 각 손은 27개나 되는 뼈로 되어 있어서 58가지나 되는 동작을 할 수 있다. 심지어 수화는 인간의 복잡한 언어를 손으로 다 표현해 정교한 소통까지 한다. 이렇듯 동물이 감히 흉내 낼 수 없는 문법적 언어, 고차원적 사고, 도구 사용 능력, 창조력 등 '차이'에 초점을 맞추면 우리가 침팬지와 같은 유인원과 닮았다는 진화론의 주장에 고개가 갸웃거려진다.

사람의 엄지손가락은 다른 유인원들과 확연하게 다르다.[37] 엄지손가락이 다른 손가락들의 맞은편에 있으면서 다른 네 손가락을 힘 있게 마주 대할 수 있어서 망치질처럼 힘을 쓰는 동작뿐 아니라 바늘귀에 실을 꿰는 세밀한 동작도 가능하다. 또 손가락은 근육이 없고 가느다란 인대로 연결되어 있어서 날렵하게 피아노와 기타를 칠 수 있다. 필요에 따라 자유자재로 움직이면서 섬세한 것까지 구현하기 때문에 이보다 더 잘 디자인하기 어려운 구조를 가지고 있다. 일을 잘한 사람에게 엄지손가락을 치켜올리는 것은 그냥 하는

---

37 Richard W. Young, "Evolution of the human hand: the role of throwing and clubbing", *Journal of Anatomy* 202(1):165-174, 2003

행위가 아닐 것이다.

진화론자들의 여러 가지 딜레마 중 하나는 사람이 참으로 독특하다는 것이다. 사람들은 PC의 CPU(중앙처리장치) 발달 과정을 '컴퓨터의 진화'라고 표현하곤 한다. 진화의 의미를 제대로 적용한 말은 아니지만 각 단계의 차이가 그만큼 크다는 뜻일 게다. 그러나 컴퓨터의 CPU 능력 향상은 우연히 변한 진화의 산물이 아니라 지적 존재가 심혈을 기울여 고안한 창조의 결과다. 그렇다면 동물과 비교할 수 없는 차이를 갖는 사람의 두뇌 능력, 언어 능력, 두 발로 걷는 능력, 감정을 표현하는 능력, 정교한 손 등도 창조의 결과라고 생각하는 것이 옳지 않은가?

인체 비례도, 레오나르도 다빈치

인체 해부를 통해 처음으로 사람의 신체 구조를 알게 된 다 빈치는 "인체 구조는 넘침도 모자람도 없는 아름다움과 복잡함을 가지고 있다!"고 말했다고 한다. 다윗은 영감을 통해 "주께서 내 내장을 지으시며 나의 모태에서 나를 만드셨나이다 내가 주께 감사하옴은 나를 지으심이 심히 기묘하심이라 주께서 하시는 일이 기이함을 내 영혼이 잘 아나이다… 하나님이여 주의 생각이 내게 어찌 그리 보배로우신지요 그 수가 어찌 그리 많은지요 내가 세려고 할지라도 그 수가 모래보다 많도소이다 내가 깰 때에도 여전히 주와 함께 있나이다"(시 139:13-18)라고 고백했다.

여기서 우리가 한 번 더 생각할 것이 있다. 사람과 동물을 갈라놓는 근본적인 차이는 신체적 독특함보다도, 논리와 언어, 창조성과 탐구심, 종교성과 도덕성 같은 무형의 것들이다. 사람이 '하나님의 형상(image of invisible God)'으로서 보이지 않는 창조주 하나님의 속성(God's invisible qualities)을 타고났기 때문이다. 이런 비물질적 특성들은 물질의 법칙으로는 설명할 수 없는 기적을 요구한다. 침팬지, 까마귀, 비버 등이 어떤 능력을 근본적으로 타고나듯이 사람은 다른 동물들과 근본적으로 다른 '하나님의 형상(image of invisible God)'을 타고난 것이다. 창조주이신 여호와 하나님은 자기의 형상에게 모든 동물을 다스리는 특별한 권한과 능력을 주셨다(창 1:28). 그것이 인간이 피조물들을 탐구하고 경영하며 다스리면서 살아가는 이유다. 이것이 지금 우리가 보고 이해할 수 있는 사람의 위치다.

7. 배아줄기세포

'줄기세포'는 새로운 세포들을 만들어 내는 원천 세포다. 적혈구는 수명이 약 120일밖에 안 되기 때문에 계속 새로운 적혈구 세포가 만들어져야 한다. 적혈구는 골수에 있는 줄기세포인 조혈모세포로부터 만들어진다. 또 조혈모세포는 적혈구 세포만이 아니라 백혈구나 혈소판 세포들도 만든다.

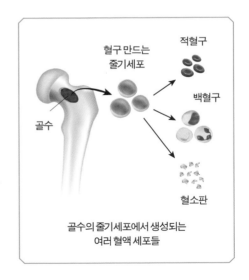

골수의 줄기세포에서 생성되는
여러 혈액 세포들

이렇게 여러 종류의 새로운 세포를 만들어 낼 수 있는 근원적인 능력을 가진 세포가 줄기세포다. 줄기세포의 또 다른 특징은 자신과 같은 원천 세포를 계속 만들어 내는 능력인데 일반 세포에는 그런 능력이 없다.

줄기세포에는 두 종류가 있다. 하나는 온전히 자란 성체에 존재하는 줄기세포로 성체줄기세포(adult stem cell)라 부르며, 골수를 비롯해 모든 조직에 소량 존재한다. 다른 하나는 배아 발달 과정에서 존재하는 줄기세포로 배아줄기세포(embryonic stem cell)라고 부른다. 배아(embryo)라 함은 수정란에서 시작해 8주까지를 말하고 그 이후는 태아(fetus)라고 구별해서 부른다.

과학자들이 성체줄기세포보다 배아줄기세포를 선호하는 이유는 새로운 세포로 분화할 가능성이 더 크기 때문이다. 성체줄기세포의 경우는 몇 가지 종류의 세포만 만들어 낼 수 있지만 배아줄기세포는 이론상 훨씬 많은 종류의 세포를 만들어 낼 것이라고 믿는다. 골수에 있는 줄기세포들은 주로 혈액 세포들만 만들어 낼 수 있다. 그러나 수정란의 발달 과정에 있는 세포들은 몸에 필요한 모든 세포를 만들어 낸다. 따라서 배아줄기세포는 모든 종류의 세포를 만들 잠재적 능력을 가진 것으로 보기 때문에 더 큰 관심이 집중된다.

줄기세포의 이용을 보면, 골수 이식은 현재 가장 흔하게 사용되는 줄기세포 치료법이다. 이 줄기세포는 이미 생명체가 완성된 사람에게서 뽑아낸 것이므로 성체줄기세포다. 이처럼 성체줄기세포를 이용해 백혈병을 치료하는 것은 헌혈과 같이 사람을 살리는 좋은 기술이며 기부 행위로 칭찬받을 일이다. 그러나 배아줄기세포는 좀 다르다. 한 생명체 즉 배아가 희생되어야만 배아줄기세포를 만들 수 있다는 윤리적인 문제가 따른다. 그러므로 배아줄기세포 연구에서 논란의 핵심은 배아가 사람인가 아닌가 하는 문제다.

배아 줄기세포를 만드는 과정을 살펴보자. 이 과정의 핵심은 난자를 사용해 수정란을 만들고 수정란의 발달 과정에 있는 배아를 해체하여 그 속에 들어 있는 배아줄기세포를 추출하는 것이다. 이런 배아줄기세포를 만드는 방법은 두 가지가 있다.

한 가지 방법은 난자와 정자를 수정시켜 수정란이 된 후에 배아줄기세포를 얻는 것이다. 한 개의 세포인 수정란은 분열을 거듭하여 200개 정도의 세포가 된다. 이때 세포로 둘러싸인 공 모양의 세포 덩어리가 되는데, 이 상태를 배반포(blastocyst)라고 부른다. 이 배반포 안에 들어 있는 세포들이 바로 줄기세포다. 이 배반포를 해체하여 줄기세포를 꺼내 세포 배양 접시에 옮기면 계속 세포 상태로만 번식하게 된다. 세포 수는 많을지라도 모두 같은 능력을 가지기 때문에 이것을 한 주(a stem)의 배아줄기세포(embryonic stem cell)라고 말한다.

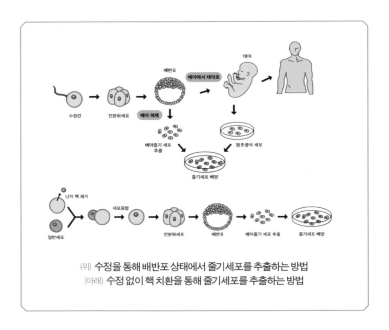

(위) 수정을 통해 배반포 상태에서 줄기세포를 추출하는 방법
(아래) 수정 없이 핵 치환을 통해 줄기세포를 추출하는 방법

다른 한 가지 방법은 정자를 사용하지 않고 수정란을 만드는 방법이다. 먼저 난자에 들어 있는 핵을 제거한다. 이 무핵 난자에 23쌍의 염색체를 가진 일반 세포를 융합시켜 한 개의 세포를 만들면 이 세포는 마치 난자와 정자가 만나 수정란을 이룬 것과 유사한 상태가 된다. 이 세포가 계속 분열하여 배반포 상태에 이르면, 첫 번째 방법과 마찬가지로 내부에 들어 있는 줄기세포로 배아줄기세포를 만들 수 있다. 이 방법은 난자에 있던 핵(염색체)을 없애고 다른 핵을 집어넣기 때문에 핵 치환법(somatic cell nuclear transfer)이라고 부른다. 굳이 이렇게 더 복잡한 방법으로 배아줄기세포를 만드는 이유는 환자 자신의 핵으로 치환할 경우 조직 거부 반응의 문제를 피할 수 있기 때문이다.

그런데 이러한 배아줄기세포 연구에서 가장 큰 논란이 되는 것은 배아를 해체하는 것이 생명을 죽이는 것인가 하는 문제다. 다시 말하면, 수정란 상태와 그 이후 배반포 상태가 생명인가 아닌가의 문제다. 배아는 태아와 달리 사람의 모습이 전혀 보이지 않는다. 수정란에서 시작해서 공 모양의 배반포 상태까지는 분명히 사람의 형태를 찾아볼 수 없다. 그래서 세상 사람들은 배반포를 해체하여 배아줄기세포를 만드는 것이 전혀 문제가 되지 않는다고 주장한다. 그러나 보이는 것이 전부일까? 배아는 정말로 사람이 아닐까? 그렇다면 사람은 언제부터 사람일까?

사람이 되는 수많은 과정 중에서 과학적으로 가장 중요한 순간은 수정란이 만들어지는 순간일 것이다. 이 세상에서 유일한 유전정보를 가진 한 난자[38]와 또 다른 유일한 유전정보를 가진 한 정자가 만나 유일한 유전정보를 가진 하나의 수정란이 된다. 세포분열과 배아의 단계를 거치지 않고 태어난 사람은 없다. 더욱이 성경은 이렇게 기록하고 있다. "내 형질이 이루어지기

---

38   창조 2. 종류대로에서 '고정된 종류 vs. 무한한 다양성'을 보라

전에 주의 눈이 (나를) 보셨으며"(시 139:16a). 눈에 보이는 형상이 이루어지기 전부터 이미 하나님의 눈에는 보는 것과 다름없는 존재라는 것이다. 각 사람의 고유한 그 시작이 바로 수정란이다. 그러므로 나만의 유일한 유전정보를 지닌 수정란 때부터 '사람'이라고 여기는 것이 바른 판단일 것이다.

사람의 배아줄기세포 연구는 윤리적인 문제를 넘어 낙태와 인간 복제와 같은 생명 윤리와도 관련된 문제다. 배아줄기세포는 수많은 난자를 공급해야 하는 심각한 윤리적, 경제적, 건강상의 문제를 안고 있기도 하다. 이런 이유로 2012년에는 일반 성체 세포를 배아줄기세포와 유사한 줄기세포로 전환하는 연구가 성공하여 노벨상이 주어지기도 했다.

그리스도인은 경제나 건강이나 장수보다 어떻게 하는 것이 하나님의 형상을 존귀하게 여기는 것인지를 먼저 생각할 필요가 있다. 과학이 발달하기 전이나 지금이나 하나님이 우리 각 사람의 형상이 이루어지기 전부터 보시고 아시기 때문에 우리가 임의로 다루어도 되는 수정란은 없다. 생명의 원천은 처음부터 하나님이시고, 그분만이 유일하게 우리 생명의 주관자이시다.

창조4

처음이 가장 좋았다!

1. 창조주 하나님 중심

성경에서 가장 장엄하고, 풍성하고, 따뜻하고, 아름답고, 사랑이 넘치는 곳은 창조 과정을 보여 주는 창세기 1장과 2장일 것이다. 성경의 처음 두 장은 전능하고, 선하며 완전하신 하나님이 자기 형상들을 위해 창조하신 완전한 세상, 죄의 흔적도 없던 세상을 보여 준다.

하나님이 창조하신 세상은 하나님이 보시기에 이보다 더 좋을 수 없었다. 과정도 좋았고 결과도 좋았다. 창조하신 분이 선하시기 때문이다. 그래서 "하나님이 보시기에 좋았더라"는 말이 계속 따라 나온다. 그분은 창조 주간 첫째 날, 빛이 창조되자 이미 창조되어 있던 지구가 환히 드러나서 "좋았더라" 하셨고, 셋째 날, 물이 드러나자마자 기다렸다는 듯이 '좋았다'고 하셨다. 그 땅에 식물이 종류대로 나타나자 또다시 '좋았다'고 하셨다. 땅에 빛을 비추는 천체들도 좋았고, 물속 생물들과 날개 가진 생물들이 좋았고, 땅 위의 각종 동물들이 하나님 보시기에 좋았다. 창조의 목적은 지구에 창조자의 형상인 사람이 살도록 하는 것이었다(사 45:18).

창조를 마쳤을 때 우주는 가장 완벽했다. 이 사실은 성경을 통해서 알 수 있을 뿐 아니라 과학 법칙을 통해서도 얻을 수 있는 결론이다. 열역학 제2법칙에 의하면 모든 질서는 점점 파괴되고 있다. 그렇다면 과거로 갈수록 점점 더 완벽해져야 하고 처음이 가장 완벽할 수밖에 없다. 창조가 끝났을 때 가장 완벽했던 것이다. 성경은 하나님이 보시기에 "심히 좋았더라"고 말해 주고 있다.

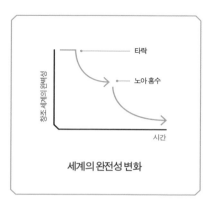

세계의 완전성 변화

그러나 그 완벽했던 창조 세계는 아담의 타락 사건과 하나님의 심판 사건인 노아 홍수를 겪으며 심각하게 파괴되었고(벧후 3:6) 지금도 계속 파괴되고 있다. 바꿔 말하면, 세상의 완전성은 하나님께 의존되어 있는 것이다. 창조된 세상은 창조자를 필요로 하는 세상이었다. 이신론자들의 주장처럼 하나님 없이 스스로 완전한 세상이 아니었다. 에덴에도 무질서의 법칙인 열역학 제2법칙[39]이 작동하기 때문에 오랜 시간이 지나면 모든 것이 무질서해지고 결국에는 죽음에 이르게 된다는 의미를 포함한다. 그 법칙이 처음부터 작용하고 있었기 때문에 창조 상태가 아무리 완벽했다 해도 그 자체는 결국 파괴될 수밖에 없다. 그러면 어떻게 보시기에 심히 좋을 수 있는가?

이 딜레마 속에 비밀이 있다. 처음 창조된 세상은 완전함을 유지할 수 있도록 모든 질서와 에너지의 근원이신 창조주 하나님의 계속되는 공급이 있

---

39 열역학 최고의 과학자였던 톰슨(William Kelvin Thomson)은 열역학 제2법칙을 에너지 소멸(dissipation)의 법칙이라고 말했다. 에너지는 전도, 대류, 복사 과정에서 조금씩 줄어들고 그 소멸된 에너지는 열로 변한다. 이 과정에서 전체 시스템은 점점 더 무질서해진다. 사람이 걸을 수 있는 것은 지면과의 마찰이 있기 때문인데 이 경우에도 에너지는 소멸되고 무질서도는 증가하므로 타락 사건 전에도 열역학 제2법칙이 작동했어야 한다는 것을 알 수 있다.

었을 것이다. 창조자 없이 세상 자체만으로는 완벽할 수 없도록 하나님이 지금과 다른 형태로 개입하셨을 것이다. 그러므로 완벽한 창조 세계의 지속성은 하나님의 형상인 인간이 하나님과 어떠한 관계를 맺는가, 즉 영적인 차원에 달려 있었다.

창세기 1장의 창조 과정에는 중심이 되는 세 가지가 있다. 첫 번째 중심은 지구다. 지구는 가장 먼저 창조되었으며 6일간의 창조는 이 지구가 꾸며지는 과정이었다. 그런데 이 지구는 사람을 위한 것으로 창조의 방향이 사람 중심이다. 사람이 두 번째 중심인 것이다. "하나님이 보시기에 좋았더라"고 자주 말씀하신 것도 사람을 염두에 두고 하신 말씀임을 쉽게 눈치챌 수 있다. 마지막 세 번째 중심은 창세기 1장에 명백하게 표현되어 있는 하나님 자신이다. 창세기 1장에만 '하나님'이란 단어가 무려 32회나 사용되었다. 천지와 만물은 오직 그분의 뜻과 방법대로 다 이루어졌다(창 2:1). 창조의 중심은 하나님 자신이었다.

창세기 2장 4절부터는 하나님 앞에 여호와(LORD)라는 호칭이 덧붙여진다. 창세기 2장은 사람을 창조하는 과정에 초점이 맞춰진 부연 설명이다. 여기에 사람과 창조자의 관계를 설정하는 여호와(LORD)가 개입된 것은 참으로 의미가 있다. 그런데 하나님은 사람이 하나님을 사랑하고 주인(LORD)으로 여기든지, 하나님을 거절하든지 그 선택을 스스로 할 수 있는 권리를 주셨다. 자신을 본따 만든 '하나님의 형상'인 사람에게 자기와 같은 성품을 부여하셨기 때문이다. 이는 하나님은 사람을 포함한 모든 만물의 주인(LORD)이지만 사람에게만은 자기의 권리를 포기하셨음을 의미한다. 하지만 아담이 참 주인이신 여호와(LORD)를 거절하고 자기가 스스로 주인(lord)이 되기로 선택했을 때, 창조자의 특별한 개입 없이는 완벽할 수 없던 세계는 질적 하락의 길로 떨어지게 되었다. 아담의 영적 타락은 세계의 타락을 가져왔다.

여호와 하나님과 사람의 관계가 어떠해야 하는지는 욥기에서도 확인이 된다. 하나님이 욥에게 고난을 허용하셨을 때, 욥은 하나님을 배반하거나 원망하지는 않았지만 창조된 자신을 기뻐하지 않고 불평했다(욥 3장). 그런 욥에게 하나님은 폭풍 가운데 무섭게 나타나셔서 여러 질문을 던짐으로써 욥의 마땅한 위치를 깨닫게 하셨다(38-41장). 자신의 위치를 확인한 욥은 티끌과 재 가운데서 회개하며 피조물 본연의 위치로 돌아가게 되었다(욥 42:1-6). 이때 하나님은 욥이 잃었던 것들을 갑절로 회복시켜 주셨다.

욥기는 선명하게 우리가 누리는 생명과 복의 지속성이 창조주 하나님과의 올바른 관계에 의존되어 있음을 가르친다. 그리스도인은 우리 인간의 본래 위치 즉 창조주 예수님과 우리의 주종관계(LORD-slave relationship)가 재정립된 사람들일 것이다. 처음이 가장 좋았다!

2. 에덴의 환경

에덴에서의 삶은 얼마나 멋졌을까? 반역 사건으로 에덴에서 쫓겨난 인류는 그곳으로 다시 돌아가는 꿈을 꾼다. 불로초를 찾아 헤매는가 하면, 인류 스스로 유토피아를 건설하고자 여러 가지 시도도 했다. 하지만 쇠퇴의 법칙인 열역학 제2법칙이 존재하는 한 고통도 죽음도 없는, 더욱이 모든 것이 풍부한 상상의 유토피아는 이론적으로 불가능하다. 그래서 인류에게 에덴은 더욱더 그리운 고향이 되었을 것이다.

에덴동산은 죄가 없던 인류의 첫 두 사람이 잠시 살던 생활 터전이었다. 우주에서 가장 특별한 천체가 지구인데 에덴동산은 그 지구에서도 가장 아름답고 풍요로운 곳이었음에 틀림없다. 거기에는 보기도 좋고 음식으로서도 아주 좋은 열매가 맺힌 나무가 많았다(창 2:9). 보기 좋은 음식이 맛도 좋다는데 그 맛이 아주 빼어났을 것이다. 그곳에는 죽지 않도록 하는 생명나무도 있었다!

생명나무의 열매는 신화에 나오는 그런 것이 아니다. 상상의 불로초처럼 한 번만 먹으면 영원히 늙지 않는 과일이 아니라 최상의 상태를 유지하도록 계속 먹어야만 했을 것이다. 앞에서 언급했듯이, 인류가 반역하기 전에도 쇠퇴의 법칙인 열역학 제2법칙이 작동하고 있었다. 따라서 창조된 세상은 창조주 하나님의 계속적인 공급이 필요한 세상이었다. 천국에서도 사람은 계속 창조주 하나님께 의지하는 존재다.

생명나무가 다시 등장하는 요한계시록에서도 생명수 강 좌우에 있는 생명나무는 한 가지 과일이 아니라 12가지 과일, 그것도 매달 맺는 것으로 묘사된다(계 22:2). 한 번만 먹어도 그 효과가 영원히 지속된다면 매달 열매를 맺을 필요가 없을 것이다. 성경은 그 생명나무의 잎이 모든 나라를 치료한다고 알려 준다. 천국은 하나님 없이도 영원히 행복하게 사는 그런 나라가 아님을 알 수 있다.

에덴에서 빼놓을 수 없는 과일나무가 선악을 알게 하는 나무다. 이 나무 열매도 다른 과일처럼 보기에도 좋았고 이것을 먹으면 지혜롭게 될 것같이 탐스러웠다(창 2:9, 3:6). 이 과일이 생명나무 열매나 잎처럼 특별한 약효가 있었을까? 그럴 가능성은 없어 보인다. 만약 죽음에 이르는 효과가 있는 과일나무라면 독소가 있었다는 것인데, 이런 나무가 있는 세상을 하나님이 '좋았다'고 하실 리 없다. 또한 아담과 하와는 이것을 먹고 곧바로 죽지도 않았다. 선악을 알게 하는 나무는 다양한 과일나무들 중에 동산 중앙에 있는 한 나무였을 것이다. 어떤 사람들은 그것이 사과나무였을 거라 생각하고 남자의 목덜미에 솟아난 부분을 아담의 사과(Adam's Apple)라고 부른다. 그 나무 이름이

라틴어의 '사과'와 비슷한 어원 때문에 생긴 것이지 사과나무는 아니었다.

창세기 1장은 사람이 먹을 음식으로 채소와 과일을 명시하고 있다. 하지만 창세기 2장에서는 채소에 대한 언급이 없다. 그 대신 아담에게 동산을 경작하도록 했다(창 2:15). 이런 방법으로 채소를 재배해서 먹게 하신 것 같다. 범죄한 후에도 하나님은 아담에게 땀 흘려 경작해서 밭의 채소를 먹게 하셨다.

생명체가 살아가는 데 있어 가장 중요한 물질 중 하나는 물이다. 그런데 에덴동산에는 물이 아주 풍부했다고 성경은 말한다. 그 근원이 동산 안에 있었는지는 확실하지 않지만 에덴을 적신 물은 네 갈래로 나뉘어 흘러 네 개의 강이 될 정도로 풍성한 물이 흘러나왔다. 이 물의 근원은 아마도 지구 내부 곳곳에 존재하던 '큰 깊음의 샘'이었을 것이다. 이 샘들이 노아 홍수 당시에 하나도 빠짐없이 터져 나왔기 때문에(창 7:11), 지금은 더 이상 처음과 같은 깊음의 샘이 존재하지 않을 것으로 여겨진다.

성경에 기록된 네 개의 강들을 통해 에덴동산을 찾으려는 사람들이 있는데 그들의 시도는 성공할 수 없다. 성경이 설명하는 네 강은 에덴동산에서 시작되었다. 그러나 현재의 유브라데강과 힛데겔(티그리스강)은 둘 다 터키에서 시작되기는 하지만 물 근원이 같지 않다. 또한 두 강은 상류가 아니라 강 하류에서 합쳐진다. 더욱이 비손강과 기혼강은 이름으로도 존재하지 않는다. 성경 역사를 통해서 본다면 에덴동산과 그 강들은 노아 홍수 때 완전히 파괴되어 없어졌다(벧후 3:6). 현재의 두 강(유프라테스강과 티그리스강)의 이름은 노아 홍수 이후에 에덴을 추억하던 사람들이 다시 붙인 이름들일 뿐이다.

노아 홍수 이전의 물 순환은 지금과 달랐을 가능성이 크다. 지금은 바닷물이 증발하여 비가 내리고 강이 되어 바다에 이르는 체계를 이루고 있다. 현대 창조과학 운동의 아버지라고 불리는 헨리 모리스 박사(Dr. Henry M. Morris)는 홍수 이전에는 깊음의 샘에서 발원한 물이 땅을 적시고 강이 되어 바다에 이르렀을 것이며, 바다와 깊음의 샘이 연결되었을 가능성을 제시한다. 에덴동산에서 시작된 강들은 바로 그 큰 깊음의 샘에서 솟아난 풍성한 샘물이었을 것이다.

에덴은 추위와 더위가 없어 온방이나 냉방 시설이 필요하지 않았다. 지구는 창조될 때부터 지금처럼 여름과 겨울이 반복되는 계절이 있었지만 계절에 따라 심하게 덥거나 심하게 춥지는 않았다. 아담과 하와는 옷을 입지 않았고 하나님은 그들을 보고 좋다 하셨다. 이와 유사한 상태가 노아 홍수 직전까지 계속되었을 것으로 여겨지는데, 홍수 후에 하나님이 노아에게 '추위와 더위가 쉬지 않고 계속될 것'이라고 말씀하신 것에서 그 근거를 찾아볼 수 있다(창 8:22). 이 최적의 환경은 당시 사람들이 900년 이상 살 수 있던 주된 이유일 것이다.

창조 세계는 지금과는 완전히 달랐다. 에덴의 환경이 어떤 방법으로 그렇게 이상적이었는지는 알 수 없지만, 하나님의 성품과 능력을 생각하면 전혀 어려운 일이 아니다. 에덴은 끝없이 풍성하고 아름다우며 하나님과 환경과 사람이 완벽한 창조 질서를 이룬 행복한 곳이었다. 하나님을 사랑하는 사람들은 후에 이런 곳에서 주님과 함께 영원히 행복하게 살게 될 것이다.

Ⅱ. 타락한 세상

증인의 말씀

*

요점 1 | 한 사람의 범죄 결과는 모든 창조 세계에 영향을 미쳤으며
고통과 죽음을 가져왔다.

여호와 하나님이 뱀에게 이르시되 네가 이렇게 하였으니 네가 모든
가축과 들의 모든 짐승보다 더욱 저주를 받아 배로 다니고 살아 있는
동안 흙을 먹을지니라… 또 여자에게 이르시되 내가 네게 임신하는
고통을 크게 더하리니 네가 수고하고 자식을 낳을 것이며… 아담에게
이르시되 네가 네 아내의 말을 듣고 내가 네게 먹지 말라 한 나무의 열
매를 먹었은즉 땅은 너로 말미암아 저주를 받고 너는 네 평생에 수고
하여야 그 소산을 먹으리라 땅이 네게 가시덤불과 엉겅퀴를 낼 것이
라 네가 먹을 것은 밭의 채소인즉 네가 흙으로 돌아갈 때까지 얼굴에
땀을 흘려야 먹을 것을 먹으리니 네가 그것에서 취함을 입었음이라
너는 흙이니 흙으로 돌아갈 것이니라 하시니라

| 창세기 3:14 - 19 |

아담은 백삼십 세에 자기의 모양 곧 자기의 형상과 같은 아들을 낳아
이름을 셋이라 하였고 아담은 셋을 낳은 후 팔백 년을 지내며 자녀들
을 낳았으며 그는 구백삼십 세를 살고 죽었더라… 셋은… 살고 죽었
더라… 살고 죽었더라… 살고 죽었더라… 살고 죽었더라… 살고 죽
었더라… 살고 죽었더라… 살고 죽었더라… 살고 죽었더라

| 창세기 5:3-31 |

요점 2 | 타락한 세상 문명은 인류 초기부터

매우 빠르게 발달했다.

그가 또 가인의 아우 아벨을 낳았는데 아벨은 양 치는 자였고 가인은
농사하는 자였더라 | 창세기 4:2 |

라멕이 두 아내를 맞이하였으니 하나의 이름은 아다요 하나의 이름
은 씰라였더라 아다는 야발을 낳았으니 그는 장막에 거주하며 가축
을 치는 자의 조상이 되었고 그의 아우의 이름은 유발이니 그는 수금
과 통소를 잡는 모든 자의 조상이 되었으며 씰라는 두발가인을 낳았
으니 그는 구리와 쇠(bronze and iron)로 여러 가지 기구를 만드는 자
요… | 창세기 4:19-22 |

가시덤불과 엉겅퀴

1. 가시와 잡초

인류 역사상 가장 완벽하고 행복했던 곳에서 가장 비극적인 사건이 발생했다. 인류의 시조인 아담과 하와가 선악을 알게 하는 나무의 열매를 따 먹음으로써 창조주 하나님께 반역한 것이다. 이 사건으로 인류와 하나님의 관계가 깨져 버렸고 인류에게 속한 모든 것이 저주를 받게 되었다. 그 저주는 지금도 여전히 인류에게 가시덤불과 엉겅퀴로 대변되는 죽음, 고통, 천재지변, 가난, 전쟁 등의 근본 원인이 되고 있다.

창조된 세상에는 가시가 없었다. 그러나 지금은 가시를 가진 식물들이 의외로 많다. 억센 가시가 돋아 있는 탱자나무는 보기만 해도 소름이 끼친다. 이밖에도 대추나무, 밤나무, 레몬나무, 엄나무, 아카시아나무, 호랑가시나무, 각종 선인장들, 산딸기, 엉겅퀴 그리고 담을 타고 올라가는 이름 모를 예쁜 식물에도 가시가 숨겨져 있다. 매력적인 향기를 내는 장미도 일단 그 가시에 찔리면 그 아름다움을 감상할 여유는 없어진다. 찔리는 순간, 죽을 만큼 아프다.

그렇다면, 가시를 가진 식물은 언제 창조되었을까? 일반 과학자들은 선인장 가시를 건조한 사막에서 살아가기 위해 적응한 결과라고 설명한다. 그러나 창조과학자들은 가시를 가진 식물은 진화로 나타난 것이 아니라 타락과 저주의 결과로 변형된 것으로 믿는다. 왜냐하면 하나님이 모든 창조를 이미 마쳤다고 선언하셨기 때문이다(창 1:31, 2:1-3). 창조주는 이미 각 생물에게 상상하기 어려울 정도로 다양한 형태로 변할 수 있는 가능성을 넣어 두셨기 때문에 식물계를 저주하실 때 기존 유전정보의 변형이 일어났을 것이다.

선인장과 엉겅퀴

보랏빛 꽃이 참 예쁜 엉겅퀴는 이름도 이상야릇한 식물이다. 피를 엉기게 하는 효능이 있어서 그런 이름이 붙여졌다고 한다. 땀 흘려 노동을 해야 할 아담에게 이 엉겅퀴는 뽑아 없애야 할 잡초요 고통이었다. 엉겅퀴 씨는 민들레처럼 하나의 개체가 수많은 꽃을 품고 있어 씨도 그 수만큼 많다. 그 수많은 씨가 바람에 날릴 때면 농부에겐 골치 아픈 일이 된다. 한 해만 뽑지 않고 내버려 둬도 이듬해 더 많은 씨를 퍼뜨릴 뿐만 아니라 더 깊이 뿌리를 내린다. 아담의 타락으로 사람을 위해 창조된 많은 식물들이 잡초나 독초가 되고 말았다.

잡초 중에는 유별나게 광합성을 잘하는 것들이 있다. 과학자들은 식물이 두 가지(C3와 C4) 방법으로 광합성을 한다는 사실을 발견했다. 고온에서는 C4 방법이 더 효율적이어서 열대 지역에서는 C4 광합성을 하는 잡초들이 C3 광합성을 하는 곡식들을 이겨 농사를 망치게 된다. 흥미로운 점은 사람에게 유익한 C3 식물인 벼에도 C4 광합성에 필요한 유전자가 있지만 사용되지 않는다는 사실이다. 아담의 타락 사건으로 어떤 유전자들에 돌연변이가 생겨 벼의 C4 시스템이 작동하지 않게 되었는지도 모른다.

그러나 이런 저주 가운데서도 하나님의 사랑은 그치지 않았다. 엉겅퀴 속에 질병을 치료할 수 있는 약효를 남겨 주셨고, 사람의 주식인 옥수수를 비롯해 사탕수수, 조 등이 아직도 광합성을 잘하는 C4 식물로 남아 있게 하셨다. 하나님은 여전히 지구에 사는 모든 생명체에게 먹을거리를 공급하고 계신다. "그가 구름으로 하늘을 덮으시며 땅을 위하여 비를 준비하시며 산에 풀이 자라게 하시며 들짐승과 우는 까마귀 새끼에게 먹을 것을 주시는도다"(시 147:8-9). 무엇보다 감사한 것은 창조자가 굳이 인류의 죗값을 치르심으로 인류에게 새 생명의 가능성을 열어 주신 것이다.

2. 임신의 고통과 노동

산부인과 병원에 가면 통증의 정도를 표시하는 그림이 벽에 붙어 있다. 통증의 정도를 0에서 10까지의 숫자로 표시하고 그것을 얼굴 표정으로 예시한다. 아픔이 전혀 없는 상태는 0, 2까지는 웃을 수 있는 정도, 8정도 되면 도저히 고통을 참을 수 없는 심각한 상태. 간호사들은 가끔 산모에게 통증이 어느 정도 되는지 물어본다. 언제 아기가 태어날지 짐작하기 위함이다. 최고의 아픔은 10인데 이 아픔과 비교되는 다른 아픔은 없다고 한다. 그런데 통증이 10에 도달했을 때 드디어 아기가 태어난다.

하나님은 하와에게 임신의 고통(pain)이 몇 배로 클 것이며 고통 중에 분만하게 될 것이라고 말씀하셨다(창 3:16). 죄를 짓지 않았다면 어땠을까? 고통지수 10에서 아기가 태어나는 것이 아니라 3-4 정도의 고통지수에서 아기가 태어나지 않았을까? 이 정도라면 여자가 분만의 고통을 크게 염려하지 않고 도리어 태어날 아기를 기다리며 임신 기간을 기쁘게 즐길 수 있을 것이다. 물론 견디기 힘든 입덧도 없었을 것이다.

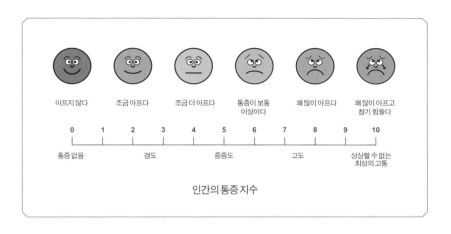

인간의 통증 지수

하나님은 어떤 방법으로 해산의 고통을 크게 더하셨을까? 생리학적으로 생각해도 여러 가지 방법이 있을 수 있는데 하나님은 우리보다 수가 높으시다. 아픔을 느끼는 통점과 압점의 수나 민감도가 달라졌을 수도 있겠고, 혹은 뼈를 비롯한 몸의 구조가 바뀌었을 가능성도 생각할 수 있다. 아니면, 아픔을 줄여 주는 엔도르핀 분비가 적어졌을 수도 있다. 분명한 점은 창조 당시의 생리학적인 구조나 유전적인 관계 원리가 타락 사건으로 상당히 바뀌었으리라는 것이다. 이 같은 변화는 사람을 위해 창조된 식물이 잡초나 독초로, 유익한 세균과 바이러스들이 사람에게 질병을 일으키거나 가축이나 농산물에 부작용을 일으키는 해로운 병원균으로 바뀌었음을 짐작하게 한다.

남자에게 내려진 저주도 있다. 범죄한 아담은 평생 고생스럽게 일을 해야 먹고살 수 있게 되었다(창 3:17, 19). 땅이 예전처럼 효력을 내지 않게 된 것이다. 이로운 미생물들의 수가 줄어들었거나, 미생물들의 능력이 떨어졌거나, 작물과 땅의 관계가 바뀌어 작물이 잘 자라지 못하게 되었거나, 저주로 인한 변화가 무엇인지 알 수 없으나, 결과는 예전과 비교해 훨씬 적은 양을 수확하게 되었다. 이런 흉작은 아담 이후로 더 악화되었을 것이다. 아담 때의 흉작을 지금은 크게 풍년이 들었다고 말할 수도 있다. 어쨌든 아담은 필요한 수확량을 거두기 위해 처음과는 비교할 수 없이 힘든 일을 하며 이마에 땀을 흘렸을 것이다(창 3:19).

그러나 아담에게 주어진 가장 큰 형벌은 평생의 노동이 아니라 하나님을 만날 수 없게 된 것이다. 아담은 이제 죽어 썩어지고 흙이 될 것이다. 아담에게 속한 하와도 아담과 함께 죽어 흙이 되고 모든 창조된 생명체도 죽어 흙이 될 것이다. "피조물도 썩어짐의 종 노릇 한 데서 해방되어 하나님의 자녀들의 영광의 자유에 이르는 것이니라 피조물이 다 이제까지 함께 탄식하며 함께 고통을 겪고 있는 것을 우리가 아느니라"(롬 8:21-22).

아담은 영광스럽고 존귀하게, 하나님보다 조금 못하게 창조되어(시 8:5) 하나님의 계속되는 공급을 받고, 하나님을 만나는 데 문제가 없는 사람이었다. 그러나 이제는 제한적인 공급만을 받게 되었을 뿐 아니라 하나님 없이 살다가 죽어야 한다. 하나님과 관계가 끊어진 이 단절의 아픔이 반역의 가장 비참한 결과일 것이다.

그러나 하나님의 저주인 큰 고통과 노동의 이면에도 하나님의 배려가 있다. 하나님이 자기의 형상인 남자와 여자에게 고통을 더하고 수고를 해야 먹고살 수 있게 하신 것은 형벌이 궁극적인 목적은 아니었다. 우리는 이를 통해 하나님과의 관계 회복에 대한 소원을 가질 수 있다. 하나님의 은혜로 말미암아 아담은 오실 구원자를 알았고 갈망했다. 견디기 힘든 고통과 힘겨운 노동마저도 하나님이 인류에게 남겨 주신 은혜가 될 수 있다.

3. 죽음과 고통의 문제

"그때 하나님은 어디 계셨나요?" 큰 슬픔을 만날 때면 그리스도인들조차 이런 질문을 하게 된다. 창조된 세계가 '하나님이 보시기에 심히 좋았다'면 왜 이런 고통과 죽음이 있는가? 진화론이 이런 고통의 문제에 대한 답을 알 수 없게 만들어 버렸다.

한때 빌리 그레이엄(Billy Graham, 1918-2018) 목사보다 더 유명했던 전도자 찰스 템플턴(Charles Templeton, 1914-2001) 목사는 과학(진화론)과 고통의 문제에 봉착해 그 답을 찾지 못했다. 안타깝게도 그는 진화론의 영향 아래 있던 프린스턴 신학교에 들어갔다. 그의 친구인 빌리 그레이엄 목사도 그의 영향을 받아 성경의 무오성에 의문을 갖게 만들었다고 한다.[40] 결국 그는 하나님을 떠나고 말았다. 템플턴 목사는 기독교 신앙의 변절자가 되어 *Farewell to God*(신이여 잘 있거라)이라는 책을 썼다. 그는 "죄가 모든 범죄와 가난, 고난, 사악함의 원인이라고 믿는 것은 어리석은 것이다. 약육강식의 이 세상에서 사랑 많고 전능하신 하나님은 찾아볼 수 없다. 만약 하나님이 있다면 그는 변태적이고 가혹한 존재일 것이다"라고 주장했다.

일류 작가이자 교수였던 C. S. 루이스(Lewis, 1898-1963)도 진화론의 영향

40　Graham, B, *Just As I Am: The Autobiography of Billy Graham* (NY, USA: HarperCollins Publishers), p. 138, 1997. (https://answersingenesis.org/jesus-christ/resurrection/the-slippery-slide-to-unbelief/#r11 재인용)

을 받았기 때문에 고통의 원인을 찾아보려고 노력했지만 진정한 답을 얻지 못했다. 그는 하나님이 어떤 유인원을 사람이 되게 했을 것이란 유신론적 진화론을 믿었다. 따라서 아담 이전에 있던 죽음의 이유를 설명할 길이 없었다.[41] 진화 역사 안에서 진짜 답을 찾을 수 없는 것은 지극히 당연한 일이다. 그것이 진짜 역사가 아니기 때문이다. 그의 마음속에 이 진화 사상만 없었더라면 루이스는 그 누구보다도 더 '고통의 문제'를 잘 설명했을지도 모른다.

성경은 분명히 말한다. 하나님의 창조 세계는 맨 처음에 가장 완벽했다. 아담이 범죄한 후 하나님은 "땅은 너로 말미암아 저주를 받고 너는 네 평생에 수고하여야 그 소산을 먹으리라 땅이 네게 가시덤불과 엉겅퀴를 낼 것이라 네가 먹을 것은 밭의 채소인즉 네가 흙으로 돌아갈 때까지 얼굴에 땀을 흘려야 먹을 것을 먹으리니 네가 그것에서 취함을 입었음이라 너는 흙이니 흙으로 돌아갈 것이니라" 하셨다(창 3:17-19). 이 타락과 저주로 피조물은 이제 더 이상 완전하지 않게 되었다. 더욱이 모든 창조물은-하나님의 적극적인 도움 없이-무질서의 법칙인 열역학 제2법칙에 따라 계속 쇠퇴해 가기 때문에 이 세상에 고통과 죽음은 당연한 것이다.

오늘날 질병을 일으키는 박테리아(세균)와 기생충들마저도 아담의 반역 이전에는 아담이 살아가는 데 필요한 것들이었다. 대장균은 사람의 대장 속에 살면서 사람에게 비타민 B와 K를 만들어 공급한다. 그러나 이 대장균이 혈액으로 들어가면 큰일 난다. 좋은 것도 타락한 세상에서는 나쁜 역할을 하게 되는 것이다. 각종 기생충도 원래는 좋은 목적을 가졌을 것이다. 하지만 관계(시스템)가 파괴된 상태에서는 서로에게 혹은 다른 편에 고통과 죽음을 주게 된다. 아담의 반역과 그 결과인 하나님의 저주는 모든 고통과 죽음의 근본적인 원인이다.

---

41 C. S. Lewis, 《고통의 문제》, 홍성사, pp.116-119, 2002

죽지 않을 것이란 사탄의 말과 다르게 아담은 죽었다. 사탄의 말이 사실이 아니라 하나님의 말씀이 이중적으로 사실이었다. 선악과를 따 먹은 날 아담은 하나님께 버림을 받아 영적으로 죽었고, 그의 육체도 930년 동안 이 땅을 갈며 수고하다가 결국 흙으로 돌아갔다. 바벨탑 사건 이후 중국 땅으로 이주한 사람들은 이 역사적인 사실에 근거해서 다음과 같은 한자들을 만들었다. 榮(영화 영, glory) - 勞(힘쓸 로, labor) - 塋(무덤 영, tomb). 영화롭고 존귀했던 하나님의 형상이 땀 흘려 힘써 일하다가 결국 죽어 흙으로 돌아간다는 뜻이다.

창세기 3장의 저주의 정점은 사람에게 있다. 성경은 사람을 타락시키는 데 동원된 뱀이 다른 동물들보다 더욱더 저주를 받았다고 기록하고 있다(창 3:14). 모든 동물과 식물 그리고 무생물 등 창조된 것들 중에 이 저주를 피한 것이 없다는 말이다. 그 이유는 모든 피조물이 사람을 위하여 창조되었고 사람의 다스림을 받았기 때문일 것이다. 그러나 반역에 대한 가장 무서운 형벌은 주범인 사람들에게 내려졌다. 여자에게는 임신하는 고통이 크게 더해졌고 남자에게는 평생 수고하여야 먹고살 수 있는 노동의 형벌이 주어졌다. 그런데 가장 큰 형벌은 그들이 죽는다는 것이다.

죽는다는 것은 무엇일까? 과학자들은 관찰된 것만 취급하므로 생명과 사망에 대해선 어떤 연구도 할 수 없다. 생명과 사망은 관찰되지 않는 실재이기 때문이다. 성경은 생명의 근원이 주(LORD)께 있고(시 36:9) 창조자 예수님이 생명(요 14:6)이라고 말한다. 따라서 생명의 실체는 예수 그리스도 안에 있다. 우리는 생명 현상을 관찰할 수 있을 뿐이다. 반대로 죽음은 생명의 근원이신 예수 그리스도와 끊어진 상태이며, 그분께서 우리에게 준 호흡을 거두신 상태이기 때문에, 죽음 자체가 무엇인지 과학적으로 밝힐 수가 없다.

성경은 두 아담의 죽음에 관한 책이다. 인류의 죽음과 고통은 우연한 것도 자연현상에서 비롯된 것도 아니고 하나님의 창조 작품도 아니다. 성경에 기록된 그대로 죽음과 고통은 역사적인 사건의 결과다.

　한편, 범죄한 아담은 여인의 후손을 통해 구원자가 온다는 메시지를 받았다(창 3:15).[42] 아담과 하와에게 가죽옷이 입혀졌다(창 3:21). 머리 좋은 아담과 하와는 그 말씀과 가죽옷의 의미를 금방 알아차렸을 것이다. 아담은 그 기대를 담아 지금까지 이름이 없던 아내에게 '하와' 즉 '생명'이라고 불렀다. 아담 자신으로 인해 모든 사람이 죽게 되었지만(고전 15:22), 여인의 후손인 '마지막 아담'으로 인해 다시 살아날 것임을 믿었기 때문일 것이다. 마지막 아담은 첫 사람 아담의 모습으로 오실 것이다.

4. 아담의 죽음

　성경은 모든 사람이 아담 안에 있다고 말한다(롬 5:14; 고전 15:22, 45). 학교에서 세포를 관찰할 때 가장 흔하게 사용되는 것이 양파다. 입구가 넓은 병에 물을 넣고 양파를 올려놓으면 하얀 뿌리가 자라난다. 그 뿌리의 맨 끝부분을 잘라 염색을 하고 현미경으로 보면 세포분열 중에 있는 세포를 관찰할 수 있다. 현미경 배율을 조금 더 높이면, 그 속에 있는 염색체도 볼 수 있다. 분열 중인 세포에서 염색체가 세포의 양쪽 끝으로 움직이는 모습도 관찰할 수 있다. 어떤 세포에서는 염색체가 양쪽으로 완전히 이동을 끝내고 그 중간에 세포벽이 생긴 것도 볼 수 있다. 그런데 놀라운 사실은, 어떤 새로운 세포도 독립적으로 만들어지지 않는다는 사실이다. 새로운 세포는 언제나 이미 존재하는 세포가 성장한 다음 세포분열에 의해 동일한 두 개의 세포가 될 뿐, 어느

---

42 "내가 너로 여자와 원수가 되게 하고 네 후손도 여자의 후손과 원수가 되게 하리니 여자의 후손은 네 머리를 상하게 할 것이요 너는 그의 발꿈치를 상하게 할 것이니라"

한 세포가 주체가 되어 다른 세포를 만들어 내지 않는다. 유전정보인 이중 나선의 DNA도 세포가 분열되기 직전에 복사되어 세포마다 새 DNA 한 줄과 기존 DNA 한 줄을 갖게 된다. 그러므로 어느 세포가 새것이고 어느 세포가 기존의 것인지 말할 수 없다. 그렇다면 현재 존재하는 모든 양파는 창조 주간에 처음 창조된 양파의 세포가 성장하고 분열되어 만들어진 것이다.

이처럼 모든 인류는 아담의 세포에서 분열되어 나온 생명체들이다. 양파의 경우와 마찬가지로 완전히 새롭게 만들어진 사람은 없다. 한 사람 혹은 두 사람이 다른 한 사람을 만든 것이 아니다. 하와도 아담에게서 나왔다(창 2:22). 따라서 모든 인류는 아담의 세포들이 성장하고 분열되어 형성된 것이다. 인류는 실제적으로 한 몸 즉 아담에게 속한 것이다. 물론 모든 양파가 조금씩 다르듯이 각 사람의 유전정보도 조금씩 다르다. 생식세포가 분열할 때

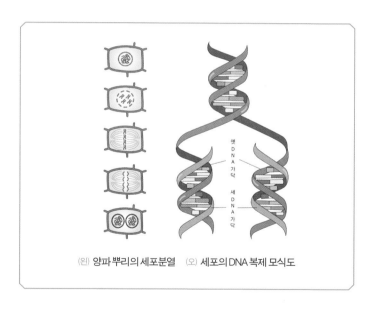

(왼) 양파 뿌리의 세포분열   (오) 세포의 DNA 복제 모식도

유전자의 재조합을 거치기 때문에 그렇다.[43]

　　세포분열에 대한 현대의 과학지식은 성경이 가르치는 죄와 구원의 원리에 부합한다. 바울은 그리스인들에게 "인류의 모든 족속을 한 혈통으로 만드사"(행 17:26a)라고 말하여 전 세계에 흩어진 모든 사람의 뿌리가 한 사람임을 확증했다. 또 로마인들에게는 "한 사람의 범죄로 말미암아 사망이 그 한 사람을 통하여 왕 노릇 하였은즉 더욱 은혜와 의의 선물을 넘치게 받는 자들은 한 분 예수 그리스도를 통하여 생명 안에서 왕 노릇 하리로다"(롬 5:17)라고 가르쳤다. 첫 사람 아담에게서 시작된 죄와 죽음의 기원이 온 인류에게 유전되었다고 말한 것이다. 그와 같은 원리로 바울은 두 번째 아담인 예수 그리스도 안에 있는 생명이 믿는 자에게 전가된다고 가르친다. 다시 말해, 성경은 온 인류가 첫 아담 안에서 죽었듯이 두 번째 아담인 예수 그리스도 안에서 영생할 수 있다고 가르친다.

　　아담의 죄는 아담이 담당해야 한다. 아담 안에 있는 인류는 모두 다 죄 때문에 죽어 있는 상태다(고전 15:22). 사람이 여전히 첫 아담 안에 있으면 '흙에 속한 자의 형상'으로 살다가 종국에 자기 죗값을 치러야 한다. 그러나 누구든지 마지막 아담 안에 있으면 '새로운 피조물'이 되어 죗값이 대신 치러진 은혜를 누리게 된다(고후 5:17). 그리고 종국에 '하늘에 속한 자의 형상'을 입게 된다(고전 15:49).

　　두 번째 아담은 이 땅에 오셔서 슬픔을 맛보시고(사 53:3), 창에 찔리고 채찍에 맞으셨고(사 53:5), 저주의 상징인 가시관을 쓰셨고(막 15:17), 생명의 피를 다 쏟으시고, 첫 아담이 되어 죽어 땅속에 묻히셨다(시 22:15; 눅 23:53). 그러나 그분은 다시 살아나셔서 창조주 하나님을 주인(LORD)과 왕(King)으로 모시는 모든 사람에게 부활의 첫 열매가 되셨다(고전 15:20).

43　창조 2. 종류대로에서 '고정된 종류 vs. 무한한 다양성'을 보라

5. 아담과 개미

"성경이 아담의 타락 이전에 죽음이 없었다고 말한다면 타락하기 전 아담과 하와에게 밟혀 죽었을 개미의 죽음은 어떻게 설명할 수 있겠는가?" 이 것은 진화론을 믿는 사람들이 창세기를 믿는 사람들을 곤란하게 하려고 던지는 질문이다. 그 본의는 아담도 타락 이전에 개미를 밟아 죽였을 것이므로 '타락 이전에는 죽음이 없었다'고 주장할 수 없다는 것이다.

진화론에 의하면 죽음은 아담의 죄(타락)와 상관이 없다. 진화론에 의하면, 수억 년 전 고생대의 삼엽충을 시작으로 각종 물고기들, 양서류, 파충류 그리고 조류와 포유동물이 살다가 죽었다고 한다. 그런데 이들은 사람이 출현하기도 전에 죽었으므로, 죽음은 사람의 죄와 무관하다는 것이다. 진화론을 믿는 사람들에게 죽음의 이유는 이렇듯 확실하지 않다. 한편, 진화와 성경을 함께 조화시키려는 자들에게 죽음은 하나님의 창조의 한 부분이 되고 만다.

그러나 성경은 만물이 하나님의 성품을 따라 선하게 창조되었다고 말한다. 처음 세상에서 사람과 동물은 모두 다 초식을 했으므로 죽음이 있을 수 없었다. 반면, 현재는 어떠한가? 성경은 사람뿐 아니라 다른 피조물들도 죽음과 견디기 어려운 고통이 있어 신음하고 탄식하고 있으며 회복시켜 주실 구원자를 기다리고 있다(롬 8:21-22)고 설명한다. 이것이 우리가 보는 불완전한 상태의 세상이다.

그런데 죽음이 창조의 한 부분이고 그것이 '보시기에 좋았던' 선한 창조의 결과라면 피조물이 신음하고 탄식하는 것은 이율배반적이다. 또 죽음의 종노릇으로부터 해방되어 완전한 자유에 이르게 되는 날, 즉 회복의 날을 고대할 이유도 납득되지 않는다. 고통과 죽음이 창조의 한 부분이라면, 하나님은 피조물에게 까닭 없이 고통과 죽음을 겪게 하신 게 된다. 게다가 그 대가를 치르기 위해 유일한 아들 예수 그리스도를 이 땅에 보내셨는데, 도대체 예수님은 무슨 대가를 치르러 오신 것일까? 이처럼 사람이 있기 전에 수십억 년 동안 죽음과 멸종이 반복되었고 첫 사람의 죄로 말미암아 죽음이 들어온 게 아니어도 된다는 가르침은 성경을 심각하게 오해하게 만든다. 성경이 가르치지 않은 데서 추론을 시작하니 하나님을 변덕스럽게 만들고 그분의 선하심을 왜곡하게 되는 것이다.

우리는 처음 창조된 세계의 물리적 특성을 잘 모른다. 하나님이 원하신다면, 타락 이전에 개미가 사람에게 밟혀 죽지 않게 못하실 이유가 전혀 없다. 하나님에게 어려운 일이란 단 한 가지도 없다는 말이다. 성경에 기록된 어떤 것도 못하실 이유가 없다. 반대로 성경에 기록되지 않은 것을 하셔야만 하는 책임도 없으시다. 이스라엘이 애굽에서 나와 가나안으로 가는 40여 년 동안 옷이 해어지지 않고 발이 부르트지 않도록 하신 일을 기억해 보라. 하나님께는 전혀 어려운 일이 아니다. 또 장차 이루실 새 땅에서는 죽음이 없고 아픔이 없겠다고 하셨는데, 이는 현재 우주의 물리적 특성을 뛰어넘는 일이다. 하나님은 자기를 사랑하는 사람들을 위해 눈으로 보지 못하고, 귀로 듣지 못하고, 심지어 마음으로도 상상하지 못한 모든 것을 준비하셨다(고전 2:9).

그러므로 우리의 상식에 갇혀 지금의 사람과 개미를 관찰한 결과로 타락 이전을 상상하는 것은 옳지 않을 수 있다. 지금은 완전한 세상이 아니다. 타락으로 인해 사람과 동물과 무생물이 저주를 받아 모두 다 변형되고 변화되었다(창 3장). 그러므로 지금 개미와 사람들이 살아가는 방식과 창조 때의 방식이 같지 않을 가능성이 있다. 타락 이전에는 개미가 어떻게 살았는지, 그들의 서식지는 어떠했는지 확실히 다 알지 못하면서 '한 사람의 죄 때문에 죽음이 왔다'는 성경의 명확한 가르침을 거부하는 것은 옳지 않은 자세다.

타락 2

돌연변이

1. 프로제리아 신드롬

왜소증 환자(dwarf)는 아닌데 키가 아주 작고 어린 나이에 머리털이 다 빠지고, 90세 이상의 피부를 가지는 질병이 있다. 심한 경우, 마치 노인 인형처럼 보인다. 태어나서 한두 살부터 노화가 시작되어 보통 사람보다 약 10배나 빨리 늙어 간다. 모든 장기나 혈관계도 정상 발육이 되지 않기 때문에 이 병에 걸린 환자들은 대부분 13세 이전에 죽는다. 20세 이상 사는 경우가 별로 없다. 이 안타까운 질병은 허친슨-길포드 프로제리아 신드롬(Hutchinson - Gilford progeria syndrome)이라는 조로증이다. 간단하게 프로제리아 신드롬이라고 한다.

신드롬(증후군)이란 용어는 병의 원인을 알 수 없거나 다양한 원인이 비슷한 결과를 주는 경우를 묶어서 부르는 말이다. 그런데 지난 2003년에 드디어 프로제리아 신드롬의 원인 한 가지가 밝혀졌다. 유전정보를 싸고 있는 핵막(nuclear membrane) 안쪽 벽에 있는 단백질(lamin A)의 유전자(LMNA)에 돌연변이가 발생한다는 것이다.[44] 이 단백질은 세포분열에 반드시 필요한 것인데

---

44 돌연변이(mutation)란 조상이 가지고 있던 유전정보가 복사될 때 잘못 복사되어 조상과 다른 정보를 갖게 되는 현상이다.

LMNA 유전자에 돌연변이가 일어나면 새로운 세포가 생겨나지 않아 결국 조로 현상이 나타나는 것이다.

프로제리아 신드롬에서 발생한 돌연변이는 여러 돌연변이들 중에서 가장 간단한 유형에 속한다. DNA 정보는 A, T, C, G로 표현되는 4가지 염기(각각 Adenine, Thymine, Cytosine, Guanine)가 한 줄로 배열되어 있다. 프로제리아 신드롬의 경우, LMNA 유전자의 1824번째 염기 C가 T로 돌연변이한 경우다. 단 한 개의 염기 서열 돌연변이로 정상적인 lamin A 단백질이 만들어지지 못하고 불량품인 'progerin'(프로제린)이란 단백질이 만들어져 핵막이 제기능을 못하게 된 것이다. 이 경우 단 한 개의 염기가 잘못 복제되었기 때문에 점 돌연변이(point mutation)라고 한다.

프로제리아 신드롬의 경우를 보면 인간 게놈의 30억 개나 되는 염기들 하나하나가 얼마나 중요한 일을 하는지 알 수 있다. 실제로 실험실에서 인공적으로 돌연변이를 일으켜 보면 프로제리아 신드롬보다 훨씬 무서운 돌연변이가 많다. 단 한 개의 염기를 바꾸었을 뿐인데 생명체가 아예 태어나지도 못하는 경우도 많다. 물론 한 개의 돌연변이가 심각한 영향을 주지 않는 경우도 있다. 그러나 분명한 것은 돌연변이가 생명체에 여러 악영향을 끼친다는 사실이다.

어떤 진화론자들은 돌연변이가 오히려 생명체를 이롭게 할 수 있다고 주장한다. 가장 대표적인 예가 돌연변이로 인해 날개가 없어진 무당벌레다. 바람이 강하게 부는 섬에서 날개가 없어진 무당벌레는 바람에 밀려 바다에 빠져 죽을 가능성이 줄어들었다. 또 다른 예로, 적혈구 모양을 원래의 도넛 모양에서 낫 모양으로 바꾸는 헤모글로빈 단백질 유전자의 돌연변이가 있다. 이런 비정상적인 적혈구에서는 말라리아균이 쉽게 번식할 수 없기 때문에 말라리아에 잘 걸리지 않게 된다. 그러나 이 낫 모양의 적혈구는 산소를 운반할 능력이 거의 없어서 이 돌연변이를 가진 사람은 빈혈로 고생하다 대체로 20대 초반에 죽는다.

돌연변이의 결과로 무당벌레가 물에 빠질 빈도가 줄고 말라리아에 걸릴 확률이 낮아질지 모르나 전체적으로 보았을 때 돌연변이는 생육하고 번성하는 데 결코 도움이 되지 않는다.

진화론자들은 돌연변이를 통해 진화가 가능하다고 주장하지만 돌연변이는 기존의 정보를 감소시키기 때문에 진화의 원동력이 될 수 없다. 새로운 유전정보가 없으면 새로운 생명체가 생겨날 수 없다. 그러므로 진화의 필수조건은 유전정보의 증가다. 그런 이유로 진화론자들은 일단 돌연변이가 일어나면 기존의 정보가 망가졌다고 말하지 않고 기존에 없던 정보가 생겨난 것이라고 억지 주장을 한다. 또 대부분의 돌연변이가 좋지 않은 결과를 보여준다 할지라도 수천만 년 동안 돌연변이가 계속되다 보면 그 돌연변이들 중에는 이롭고 새로운 정보가 생겨날 것이라고 기대하고 믿는다. 하지만 현재까지 보고된 수십만 건의 돌연변이들 중에 유전정보를 증가시킨 경우는 단한 건도 없었다.[45] 모든 돌연변이는 정보를 감소시킬 뿐이므로[46] 돌연변이를 통해서 진화가 된다는 것은 과학적으로 불가능하다.

아담의 타락은 끊임없는 돌연변이 즉 끊임없는 유전정보의 감소를 가져왔다. 그리고 그 결과는 당연히 죽음이다. 아담의 완전했던 유전정보는 세대를 이어 가며 복사되는 과정에서 돌연변이라는 오류가 발생하게 되었다. 돌연변이의 빈도에 따라 후손들이 얼마나 빨리 혹은 느리게 새로운 유전병을

---

45 https://www.youtube.com/watch?v=CAzndMmnZJk 이 영상에서 유명한 진화생물학자인 리처드 도킨스는 "돌연변이나 진화적 과정을 통해 생물의 게놈에 정보가 증가한 예가 있는가?"라는 질문을 받는다. 그는 허공을 두리번거리며 골똘히 생각하다가 결국 그 질문에 답을 하지 못한다(편집자 주).

46 여기서 유전정보가 '감소한다'는 의미는 염기 서열의 개수가 줄어든다는 의미가 아니라, 돌연변이로 인해 기능을 하지 못하거나 나쁜 기능을 하는 정보로 바뀌기 때문에 생명체를 위한 유익한 기능을 하는 정보가 감소한다는 의미다. 다른 표현으로는 유전정보가 '무질서해진다'고 말할 수 있다(편집자 주).

갖게 될 것인지가 결정되겠지만, 분명한 사실은 계속해서 다양한 유전병이 더 자주 발생하리라는 것이다. 이 문제는 무질서의 법칙인 열역학 제2법칙에 따른 결과이므로 궁극적으로는 과학자들이 해결할 수 있는 문제가 아니다. 타락의 한 단면인 이 돌연변이는 인류가 영원할 수 없으며 궁극적인 해결자도 아닐뿐더러 오히려 초자연적인 구원자를 필요로 하는 존재임을 말해 주고 있다.

돌연변이의 예들

● 염기 3개가 하나의 코돈을 이루고 하나의 코돈이 아미노산 한 개를 결정한다.

● 여기서는 DNA가 복사된 RNA 염기 상태이므로 T 대신 U로 표시함.

● 앞서 제시한 것 외에 돌연변이로 인한 유전병 사례들이 다양하게 알려져 있다.

돌연변이의 종류

- 점 돌연변이(Point mutation) : 염기 하나가 바뀌는 경우
- 삭제/삽입 돌연변이(Deletion/Addition mutation) : 정보의 일부가 삭제되거나 더해지는 경우
- 도치 돌연변이(Inversion mutation) : 정보의 앞뒤 순서가 바뀌는 경우

● 격자 돌연변이(Frame shift mutation) : DNA 정보는 염기 3개가 한 단위(codon)로 읽히는데 3의 배수가 아닌 방식으로 염기가 삭제되거나 삽입되면 이후부터는 모든 코돈(codon)이 바뀌게 되어 대혼란이 일어난다.

2. 근친결혼

근친결혼에 대한 정의는 문화권마다 다르며 문화는 변할 수 있다. 여기서는 과학적인 부분과 성경적인 부분에서만 근친결혼을 다루려고 한다. 과학적인 면에서 근친결혼이란 가까운 혈육과 결혼하는 것을 말한다. 혈육으로는 부모 관계가 가장 가깝고 그다음은 형제 그리고 삼촌, 사촌, 오촌, 6촌, 8촌 등의 순서로 가깝다. 그런데 근친결혼은 왜 위험한 것일까? 그 이유는 근친혼 관계에서 태어날 자손들 중에 유전적으로 바람직하지 않은 결과를 보일 가능성이 매우 높기 때문이다. 왜 그런지 구체적으로 살펴보자.

사람과 동물은 두 벌(2n)의 유전정보(염색체)를 가지고 있다. 그중 한 벌(1n)은 정자를 통하여 물려받은 것이고 다른 한 벌(1n)은 난자를 통하여 물려받은 것이다. 난자(1n)와 정자(1n)가 하나의 세포로 합해지는 과정을 수정이라 하는데, 이때 비로소 한 개체의 유전정보(2n)가 완성된다. 두 벌(2n)의 유전정보를 갖는다는 것은 같은 종류의 유전자가 2개씩 들어 있다는 의미다. 그러므로 사람의 경우는 약 2만 5000가지의 유전자를 2개씩 가지고 있는 셈이다.

어떤 사람이 멜라닌 합성의 첫 단계를 책임지는 효소(tyrosinase)의 기능이 없을 때, 근친결혼의 위험성을 살펴보기로 하자. 멜라닌은 해로운 자외선으로부터 피부를 보호하는데, 돌연변이로 인해 멜라닌이 생산되지 못하면 백색증(albinism)이란 유전병을 갖게 된다.[47] 앞에서 설명했듯이 사람은 각 유전자를 두 개씩 가지고 있다. 정상적인 효소 유전자를 T, 돌연변이로 비정상적인 효소 유전자를 t로 표시해 보자. 정상이라면 두 개의 유전자 (T, T)를, 두 개의 유전자 중 하나만 정상이라면 (T, t)를 갖게 될 것이다. 이들의 경우 정상 유전자가 정상적인 효소를 만들어 내므로 백색증이 생기지 않는다. 그러나 두 개의 유전자가 모두 돌연변이가 되었다면 (t, t)로 정상적인 효소를 만들지 못하므로 백색증 환자가 된다.

이제 부모 중 한 사람이 돌연변이 유전자를 가지고 있는 경우 근친결혼 결과가 어떻게 나타나는지 알아보자.

(T, T) × (T, t) = (T, T), (T, t), (T, T), (T, t)

이런 비율로 자녀가 태어나므로 결국 (T, T)와 (T, t) 두 가지 유전자 형태만 가능하다. 이 자녀들 중에는 백색증 환자가 나오지 않는다. 모두 적어도 한 개의 정상(T) 유전자를 가지고 있기 때문이다.

그런데 이 자녀들이 서로 근친결혼을 하게 되면 어떻게 될까? 만약 (T, t)인 아들과 (T, t)인 딸이 결혼하게 되면, (T, t) × (T, t) = (T, T) (T, t) (t, T) (t, t)가 되어 멜라닌을 전혀 생산하지 못하는 (t, t)가 나타날 확률이 무려 25%나 된다.

이들이 다른 가문의 사람과 결혼한다면 돌연변이 유전자 t를 가진 사람은 아주 희귀하기 때문에 근친결혼을 할 때처럼 높은 확률로 백색증을 가진 자녀가 태어나지 않는다. 비록 본인이 (T, t) 혹은 (t, t)의 유전자 조합을 가졌을지라도 다른 가문의 배우자가 (T, T) 조합을 가졌다면 그들의 자녀는 적어도 한 개의 정상 유전자(T)를 갖게 되어 백색증이 발현되지 않는다.

---

47 멜라닌 합성에는 여러 가지 효소가 관여하는데 그중 어느 한 효소 유전자에 돌연변이가 생기면 최종 산물인 멜라닌이 생성되지 않는다.

돌연변이는 아무 유전자에나 무작위로 발생하므로 혈족 관계가 가까운 사람보다는 먼 사람과 결혼하는 것이 확률적으로 안전하다. 이런 의학적인 이유 때문에 근친결혼을 우려하는 것이다. 반대로 만약 유전정보가 완전하고 돌연변이가 일어나지 않는다면, 의학적인 면에서는 근친결혼을 막을 이유가 없을 것이다.

그렇다면 성경에 나타나는 근친결혼은 어떻게 보아야 할까? 성경은 인류의 시작이 완벽했다고 말한다. 아담과 하와의 유전정보가 완벽했다. 당연히 아담과 하와의 자녀들의 유전정보도 거의 완벽했을 것이다. 그러므로 아담의 자녀들이 서로 근친결혼을 했어도 유전적인 질병은 발생하지 않는다. 아담의 자녀만이 아니라 3세대, 4세대 그리고 계속해서 몇 세대 동안은 근친결혼의 의학적인 폐해는 거의 발생하지 않았을 것이다.

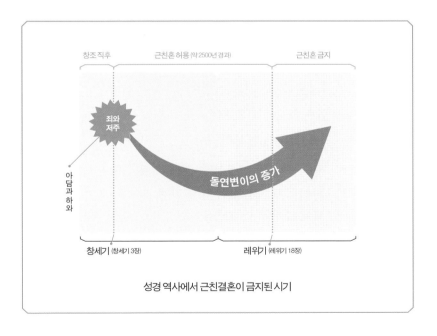

성경 역사에서 근친결혼이 금지된 시기

성경은 창조 후 약 2500년이 지난 모세 시대에 근친결혼을 금지하고 있다. 만약 인류의 역사가 진화론이 말하듯이 10만 년이나 그 이상 오래되었다면 인류는 지금보다 훨씬 더 많은 돌연변이로 고생하고 있을 것이다. 이는 거꾸로 말하면, 돌연변이가 축적되기 시작한 지 그리 오래되지 않았다는 말이 된다. 또한 모세 시대 무렵부터는 인류에게 발생한 돌연변이 누적이 가까운 친족 관계 혼인에 영향을 미칠 만큼 유전병의 가능성이 상당히 커졌음을 추측해 볼 수 있다. 그러므로 레위기에서 하나님은 윤리적인 문제에 더해 의학적인 문제를 고려하여 근친결혼을 금지하는 법을 주신 것이다.

3. 날카로운 이빨

흔히 날카로운 이빨은 육식 동물의 상징이라고 생각한다. 실제로 송곳니는 다른 동물을 죽이는 데 효과적으로 사용되기도 한다. 동물들의 날카로운 이빨은 선하신 하나님의 성품과 어울리지 않는 것처럼 보이기 때문에 이를 아담의 타락과 저주의 산물이라고 여긴다. 하지만 현재 발견되는 증거들만 살펴본다 해도 그렇게 간단하게 정리할 수 없다는 것을 알 수 있다.

곰처럼 날카로운 이빨을 가진 판다는 거의 대나무 잎만 먹고 사는 초식 동물이다. 판다는 그 날카로운 이빨로 사람이나 다른 동물을 공격하지 않는다. 대신에 판다는 특별한 발과 함께 날카로운 이빨로 요긴하게 대나무를 먹는다. 한편, 사자(Little Tyke)가 육식을 전혀 하지 않았을 뿐 아니라 오히려 고기를 싫어했다는 기록도 있다.[48] 이는 창조 당시 동물들의 먹이가 푸른 풀이

---

48 Westbeau, G., *Little Tyke: the story of a gentle vegetarian lioness* (IL, USA: Theosophical Publishing House), pp. 3 - 6, 17, 32 - 35, 59 - 60, 113 - 114, 1986

었다는 성경의 기록에 신빙성을 더해 준다.

킨카주너구리(kinkajou)는 중남미에 사는 너구리와 비슷한 동물이다. 이 동물의 두개골이 처음 발견되었을 때 과학자들은 날카로운 이빨 때문에 육식 동물이라 생각했다. 이 동물을 잡으려고 닭고기 미끼를 사용했지만 성공하지 못했다. 결국은 바나나 미끼를 가지고 이 동물을 생포할 수 있었다. 이 동물은 육식 동물이라고 생각할 만큼 날카로운 이빨을 가지고 있지만 초식 동물이다. 과일박쥐도 역시 이빨이 날카롭지만 채식만 한다.

채식을 하는 피라니아(piranha)도 있다. 식인 물고기로 잘 알려진 피라니아의 이빨은 무척 날카롭다. 그러나 아마존에서 발견된 피라니아(Tometes camunani)는 식인 피라니아처럼 날카로운 이빨을 가지고 있지만 채식만 하는 것으로 알려져 있다. 그 날카로운 이빨은 식물을 찢는 데 사용되며 다른 물고기를 먹거나 사람을 먹어 치우는 데 사용되지 않는다.

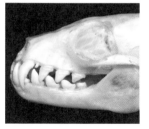

판다, 사자, 과일박쥐

그렇다면 육식을 하기에 유용한 날카로운 이빨이나 발톱, 혹은 소화관 등의 기관들은 언제 생겨난 것이며 언제부터 육식을 하게 되었을까? 과학 교과서에 소개되는 먹이사슬(food chain)은 언제부터 확립된 것일까?

노아 홍수 직전에도 육식을 하는 동물들이 있었음을 보여 주는 증거가 있다. 노아 홍수의 결과로 생긴 화석들 중에는 다른 물고기를 잡아먹고 있는 순간 혹은 삼키고 난 직후 아직 소화되지 않은 모습을 생생하게 보여 주는 것들이 발견된다. 육지에도 노아 홍수 이전에 육식 동물이 있었을 것이다. 사람들 중에도 벌써 고기를 먹는 사람이 있었을 가능성이 있다. 창세기 4장에는 가인의 7대손인 야발을 가축 치는 자의 조상으로 소개하는데, 야발이 가축을 치는 목적이 아벨이 양을 치는 것과 달랐음을 시사한다.

노아 홍수가 끝나면서 하나님은 노아에게 고기를 먹을 것을 허락하셨다.

> 땅의 모든 짐승과 공중의 모든 새와 땅에 기는 모든 것과 바다의 모든 물고기가 너희를 두려워하며 너희를 무서워하리니 이것들은 너희의 손에 붙였음이니라 모든 산 동물은 너희의 먹을 것이 될지라 채소같이 내가 이것을 다 너희에게 주노라(창 9:2-3).

동물들이 사람을 두려워하고 무서워하게 될 것이라는 말은 그때까지는 그렇지 않았다는 말이다. 타락과 더불어 노아 홍수도 창조 세계의 시스템에 상당히 큰 변화를 가져왔음을 알 수 있는 대목이다.

성경을 사실로 믿는 학자들이 추정하는 육식 전환의 과정은 다음과 같은 것들이 있다.[49] 먼저 에덴에서 인류가 타락한 결과로 하나님이 사람을 비롯한 모든 생명체의 유전정보를 재프로그램하셔서 육식을 하는 동물들이 생겨났을 가능성이다. 인류를 위하던 것들에서 인류에게 해를 입히는 바이러스나 박테리아들이 생겨나고, 가시를 가진 식물들이 생겨나는 등 DNA 차원에서 변화가 일어난 것이다. 두 번째는 변화와 학습이다. 타락의 결과 육식을 하게 되었는데 그 자손들이 육식을 습관으로 삼게 되었을 가능성이다. 세 번째는 창조 때 열매를 까거나 껍질을 벗기는 도구였던 날카로운 이빨과 발톱이 타락 후에 기질이 변해 그것을 다른 동물을 공격하고 잡아먹는 데 사

---

49 https://answersingenesis.org/animal-behavior/what-animals-eat/creations-original-diet-and-the-changes-at-the-fall/

용되었을 가능성이다. 여러 가지 가설을 종합해 보면, 어느 한 가지의 원인이 아니라 아마도 여러 영향이 모두 종합된 결과로 현재 먹이사슬의 모습으로 전환된 것이 아닐까 생각한다.

성경이 분명하게 말해 주고 있는 바는 하나님의 처음 창조 세계에는 고통과 죽음이 없었다는 것이다. 모든 동물은 풀을 먹었다. 이사야 11장과 65장에서는 장차 이리, 양, 표범, 염소, 사자, 소, 곰 등이 함께 살며 사자가 소처럼 풀을 먹는, 서로 해함이 없는, 에덴과 같은 새로운 세상이 올 것을 시사하고 있다. 즉 현재와 같은 먹이사슬은 타락의 결과로 이루어진 완전하지 않은 모습이라는 것이다. 현재의 모습이 원래의 모습이라고 여기는 진화론의 안경으로는 결코 처음 세상도, 장차 이루어질 세상도 그려 볼 수가 없다.

타락 사건은 과학자들이 알고 있는 그 어떤 돌연변이보다 더 크고 갑작스럽게 인류에 물리적, 영적 대변화를 가져온 것이다. 그 영향으로 죽음과 고통, 아픔과 슬픔, 땀과 눈물, 고된 수고와 노동이 지금까지 수천 년간, 앞으로도 오랫동안 창조주이신 예수님이 다시 오실 때까지 계속될 것이다. "내가 진실로 속히 오리라 하시거늘 아멘 주 예수여 오시옵소서!"라고 외쳤던 사도 요한은 이 타락한 세상에서 완전한 회복의 의미를 알고 그리스도의 다시 오심을 기다렸을 것이다.

타락한 사람들

1. 가인의 아내

아담은 가인과 아벨 그리고 셋뿐만 아니라 수백 년 동안 많은 자녀를 낳았다(창 5:4). 아담의 자녀들도 계속 자녀들을 낳았기 때문에 인구는 폭발적으로 증가했을 것이다. 당시 환경은 상상하기 어려울 정도로 좋았고 거기서 사람들은 900년 이상 사는 것이 보통이었다.

가인은 어디서 아내를 얻었을까? 이는 진화론에 영향을 받은 사람들이 창세기를 역사 기록으로 보지 않기 때문에 자연스럽게 갖는 의문이다. 그들은 성경에는 아담과 하와 그리고 2대에는 가인, 아벨 그리고 셋만 기록되어 있기 때문에 가인이 결혼할 여자가 없지 않았느냐고 말한다. 따라서 그들은 가인의 아내는 에덴동산 밖에 이미 살고 있던 많은 여자들 중 한 명이었다고 생각한다. 물론 그 여자들은 동물이 진화해서 생겨난 사람들이다. 아담도 사람으로 진화한 동물들 중 하나로 하나님이 에덴동산으로 데려오신 수컷 동물이라고 생각한다. 이런 생각은 결국 아담이 흙으로 빚으신 유일한 남자라는 성경 기록을 부인하는 것인데 이런 논리라면 두 번째 아담인 예수님의 구속 사역은 쓸데없는 것이 되고 만다.

가인의 아내는 아담과 하와의 딸들 중 하나였다. 아담은 성경에 기록된 가인, 아벨, 셋, 이 세 사람만 낳은 것이 아니다. 생육하고 번성하라는 하나님의 명령과 하와를 통한 구원의 약속(창 3:15)을 받은 두 사람은 많은 자손을 낳았음에 틀림없다(창 5:4). 아들뿐 아니라 딸들도 비슷한 비율로 낳았을 것이다. 또 가인의 살인 사건은 어린 가인이 아니라 이미 가장으로서 제사를 드리는 나이가 되었을 때의 일이다. 그들은 이미 결혼한 상태였을 것이다.

그렇다면 가인이 두려워한 사람들은 누구였을지 어렵지 않게 짐작할 수 있다. 고대에는 혈육이 피 값을 갚는 일이 흔했다. 만약 가인이 만나기를 두려워한 사람들이 아벨의 형제나 자녀들이 아니라면, 가인이 다른 사람들 보기를 부끄러워할지언정 그렇게 두려워하지는 않았을 것이다. 그래서 살인 사건 후 나그네가 된 가인은 사람들이 자기를 죽일까 두려워 방랑하라는 하나님의 명령을 거부하고 성을 쌓고 정착했을 것이다(창 4:14, 17).

가인의 아내가 아담의 딸이었다면 근친결혼의 문제가 있을 것이란 우려

가인이 동생 아벨을 쳐 죽이는 장면

는 앞 장의 돌연변이에서 이미 설명한 바 있다. 근친결혼의 생물학적 문제는 돌연변이의 축적 정도와 관련된 문제일 뿐이다. 인류 초기에는 돌연변이가 거의 없었으므로 근친결혼이 의학적으로 전혀 문제가 되지 않았다. 성경은 아브라함과 야곱 시대까지만 해도 오히려 근친결혼을 장려했다. 성경이 처음부터 금한 근친결혼은 1촌간의 결혼 즉 부모와 자녀가 결혼하는 것뿐이다 (창 2:24).

가인의 아내 문제는 기독교를 무너뜨리려는 간교한 질문이다. 에덴동산에 살던 아담이 당시 유일한 남자가 아니었다면 구원자 예수 그리스도의 죽음이 왜 필요한지 그 이유를 알 수 없게 된다. 만약 다른 사람들과 그 조상인 동물들이 진화 과정에서 죽었다면 이들의 죽음은 아담의 죄와 상관없는 죽음이다. 또 아담 말고 다른 사람들이 있었다면 그들의 죄 값을 치르기 위해서는 또 다른 예수가 죽어야 할 것이다.

하지만 성경은 첫 사람 아담을 통해 죄가 세상에 들어왔고 그 첫 사람의 죄 때문에 죽음이 왔으며(롬 5:12) 아담 안에서 모든 사람이 죽었다고 선언한다(고전 15:21-22). 그래서 예수님이 마지막 아담으로 오셔서 그 첫 아담을 대신해 죽음으로써 모든 사람이 살 수 있게 되었다고 말한다(고전 15:21-22). 그러므로 가인의 아내에 대한 의문은 역사적인 첫 아담을 부정하여 둘째 아담으로 오신 예수님을 부정하려는 시도다. 이 역사적인 아담이 없다면 기독교는 존재해서는 안 되는 종교다.

2. 최초의 농업과 축산

대부분의 사람은 '원시 인류가 떠돌아다니며 수렵과 채집을 하다가 신석기 시대에 농경이 발달하면서 정착하기 시작했다'는 식의 설명을 진실로 믿는다. 그러나 이런 설명은 진화론적 세계관이 '꾸며 낸 이야기'일 뿐 근거도 확실하지 않고 성경과 반대되는 설명이다.

진화론적인 고고학자들은 농경의 시작을 대개 신석기 시대인 주전 1만 년경이라고 말한다. 좀 더 구체적인 내용을 보면, 이라크 남부 메소포타미아 지역의 수메르인들(주전 9500년경)이 최초로 농경을 시작했고, 인도(주전 7000년경), 이집트(주전 6000년경), 중국(주전 5000년경), 중앙아메리카(주전 2700년경) 등으로 전파되어 퍼져 나갔다고 한다. 그러나 성경의 역사보다 훨씬 오래된 것처럼 보이는 이런 연대들은 확실한 근거가 있는 것이 아니다. 이는 진화론과 정확하지 않은 탄소 동위원소 연대 측정 결과에 근거한 것이다.[50] 고고학의 연대가 정확하지 않음은 전문가들도 스스로 인정하고 있다.

한편, 진화론적인 연대는 받아들일 수 없지만, 농경 문명이 수메르 지역에서부터 시작되었고 다른 지역에서는 조금 늦게 시작되었다는 순서는 성경의 역사와 맥을 같이한다. 바벨 지역인 메소포타미아 문명은 바벨탑 사건 이전에 시작되었고 다른 지역은 바벨탑 사건 이후에 흩어진 민족에 의해 발생했기 때문이다. 특별히 아메리카의 고대 문명들은 다른 지역에 비해 상당한 시간 차이를 보여 주는데 그만큼 거리 차이가 있기 때문일 것이다.

농업은 진화 과정 중에 생겨난 인류의 활동이 아니다. 하나님은 아담이 범죄하기 전부터 에덴을 경작하라고 하셨다(창 2:15). 또한 범죄한 아담에게 내리신 하나님의 벌도 농업이었다. "땅은 너로 말미암아 저주를 받고 너는 네 평생에 수고하여야 그 소산을 먹으리라 땅이 네게 가시덤불과 엉겅퀴를 낼 것이라 네가 먹을 것은 밭의 채소인즉"(창 3:17-18). 농업은 인류가 오랜 기간 수렵(사냥)과 채취를 하다가 정착하면서 이룬 문명이 아니라 인류의 시작

---

50 탄소 연대 측정의 부정확성에 대해서는 3장의 '석탄의 형성 연대와 환경'에서 더 자세히 다루게 된다.

과 동시에 시작되었다. 아담의 첫아들 가인도 농사꾼이었다(창 4:2). 사냥이나 육식은 생명의 피를 흘리는 일이므로 노아 홍수 이전에는 하나님이 허락하시지 않았다.

진화론에 의하면 처음부터 가축이 있었던 것이 아니다. 약 1만 2천 년 전 신석기 시대에 최초로 개가 가축화되었고, 이어서 소가 1만 년 전, 염소, 양, 돼지가 8천 년 전, 말은 3천 년 전에 가축화되었다 한다. 정보 근원에 따라서 그 순서와 시기에 차이가 있는데 이는 그 기원에 대해 정확히 알 수 없다는 뜻일 것이다. 하지만 진화론의 공통적인 주장은 이 동물들이 원래는 다 야생이었는데 '가축화'라는 과정을 통해 사람들과 같이 살게 되었다는 것이다.

그러나 성경에 의하면 일부 가축은 처음부터 가축으로 창조되었다. 창조 6일째 하나님은 "땅의 짐승을 그 종류대로, 가축을 그 종류대로, 땅에 기는 모든 것을 그 종류대로 만드시니 하나님이 보시기에 좋았더라"(창 1:25)라고 가축과 일반 짐승을 구분하셨다. 또 아담의 아들 아벨은 양을 치는 사람이었다(창 4:2). 가인의 7대손인 야발은 유목 생활을 하며 가축을 치는 첫 조상(창 4:20)이라고 기록되어 있다. 아벨이 야발보다 훨씬 먼저 양을 쳤는데도 야발을 가축 치는 자의 조상이라 한 것은 야발의 가축 치기가 아벨과 다른 상업적 목적이거나 고기를 먹기 위한 최초의 행위가 아니었을까 한다. 노아가 방주에 실은 동물들 명단에도 가축이 따로 명시되어 있다(창 7:13-15, 8:1). 진화론의 주장과 달리 어떤 동물들은 처음부터 가축으로 창조되었다.

3. 철기 문명

노아 할아버지가 어떻게 모든 동물이 들어갈 수 있는 큰 배를 만들었는지, 피라미드는 도대체 어떤 사람들이 만들었는지, 문명은 점진적으로 발달되지 않고 왜 갑자기 여기저기에서 발전했는지 등의 의문은 진화론적인 역사관 즉 구석기 - 신석기 - 청동기 - 철기 순의 역사관으로는 도저히 설명될 수 없는 것들이다. 그러나 성경의 역사를 사실로 믿고 이것들을 바라보면 그리어렵지 않게 설명할 수 있다. 성경의 역사 기록이 사실이기 때문이다.

성경에서 역사의 시작은 완벽했다. 사람도 완벽했고 환경도 완벽했다. 아담은 하나님을 닮아 지혜롭고 능력이 있었다. 게다가 초기 인류는 보통 900년 이상 살았다. 그들의 지식은 오래가지 않아 폭발적으로 늘어났을 것이다. 가인의 자손들에 대해 기록해 놓은 창세기 4장을 통해 이 사실을 엿볼수 있다.

하나님의 형상인 사람들은 진화론적인 시간에 비해 엄청난 속도로 문명을 발전시켰다. 가인은 성을 쌓았다(창 4:17). 이 성이 얼마나 견고했는지는 알 수 없지만 적어도 구석기 시대의 문명이 아니었다. 아담의 7대손 라멕의 아들인 야발은 아벨과는 다른 목적으로 가축을 치는 처음 사람으로 등록되었다(창 4:20). 역시 라멕의 아들이며 야발의 동생인 유발은 수금과 퉁소를 연주하는 사람이었다(창 4:21). 이때 이미 각종 악기를 발명하고 연주한 것이다. 또 다른 라멕의 아들인 두발가인은 동과 철로 각종 기구를 만드는 일을 하는 사람이었다(창 4:22). 오늘날과 마찬가지로 각종 청동기와 철기 제품들이 이미 이 시대에 쏟아져 나오기 시작했음을 알 수 있다.

문명의 발달은 노아 홍수의 원인과도 연관이 있다. 당시 사람들의 죄악이 세상에 가득했는데, 그 이유는 사람들이 생각하는 것마다 악했기 때문이다(창 6:5). 그들의 행위는 부패했고 세상은 폭력으로 가득해 하나님의 심판

이 임할 수밖에 없었다(창 6:12-13). 하나님은 단순히 사람들이 자신을 믿지 않았기 때문이 아니라 이 땅에 폭력이 가득했기 때문에 심판하신 것이다. 당시는 이미 잘 발달된 철기 문명 시대였기 때문에 온갖 무기들이 만들어져 사용되었을 것이다. 개역한글은 두발가인을 소개하면서 "동철로 각양 날카로운 기계를 만드는 자" 즉 무기 만드는 사람임을 암시하고 있다. 홍수 심판을 견디고 살아남게 될 '노아'의 이름이 '안위(comfort)'인 것을 보면, 당시 사람들이 얼마나 폭력의 난무로 평안 없이 살았는지를 알 수 있다.

노아 홍수 이전의 발달된 문명은 노아의 방주와 피라미드와 갑자기 나타난 세계의 문명들을 설명할 수 있다. 노아가 방주를 만들 때 노아의 나이는 500대였다. 당시는 900년 이상 살던 때라 방주를 짓던 노아는 하얀 수염의 할아버지가 아니라 충분한 지식과 경험을 겸비한 중년의 나이였다. 하나님이 지시하신 초현대식 방주를 지을 만한 지식과 도구를 가진 사람이었음에 틀림없다.

피라미드를 비롯해 갑자기 등장한 문명들은 수수께끼가 아니다. 그것들은 고도의 문명을 가진 노아 시대에서 불과 몇 세대 떨어진 사람들이 이룩한 문명이었다. 바벨탑 사건이 노아 홍수 후 약 100년 만에 발생했으므로, 그 후 흩어졌던 어떤 집단은 이미 많은 지식과 기술을 가지고 있었을 것이다. 이들이 피라미드도 만들고 세계 여러 곳으로 흩어져 그 환경에 맞는 문명을 아주 짧은 시간 안에 일군 것이다.

구석기 - 신석기 - 청동기 - 철기 시대로 이어지는 문명의 발달 과정은 인류 역사에 있었던 사실이 아니다. 단지 과거에 환경과 형편에 따라 구석기를 사용한 사람들, 신석기를 사용한 사람들, 청동기와 철기를 사용한 사람들이 있었을 뿐이다. 지금도 밀림이나 고립된 곳에서는 철기와 플라스틱의 혜택을 받지 못한 사람들이 많다. 그렇다고 우리는 그들을 구석기인 혹은 신석기인이라고 부르지 않는다.

오히려 인류의 문명은 노아 홍수와 바벨탑 사건을 계기로 크게 퇴보했다. 특별히 가족 단위로 흩어지게 된 바벨탑 사건으로 각각의 가족이 가지고 있던 지식과 기술이 현저하게 줄어들었을 것이다. 더욱이 열악해진 환경으로 수명이 급속히 줄어든 반면, 노동 시간은 훨씬 더 늘어나 그나마 가지고 있던 지식과 기술을 활용하거나 전수할 기회가 점점 사라졌을 것이다. 이집트의 피라미드와 돌항아리들을 보면 시대가 지날수록 그 정교함의 수준이 떨어지는 것이 그 증거다. 노아 홍수와 바벨탑 사건 이후 초기 인류의 문명을 잃어버린 민족들은 크게 낙후된 채로 흩어져 각 지역에서 다시 문명을 일으켜야 했다.

4. 의복도 구별되게

어느 날 하와가 옷을 입다가 아담에게 "여보, 이 옷 잘 어울려요?" 하고 물었다면, 아담은 무슨 생각을 했을까?

한자를 통해 볼 수 있는 옷의 기원은 성경 그대로다. 옷을 벗은 상태(裸, 벗을 나)를 의미하는 한자의 구성이 옷(衣)과 과일(果)의 합성으로 되어 있다. 처음에 창조된 아담과 하와는 옷을 입지 않았어도 그 자체로 영광스러운 존재(榮)였기 때문에 부끄러움이 없었다(창 2:25). 그러나 선악을 알게 하는 나무 열매(果)를 따 먹는 범죄를 저지르자 그 영광이 떠났다. 그들은 그 변화를 인식하고 벗은 몸(裸)이 너무 부끄러워 어찌할 바를 몰랐을 것이다. 그래서 무화과나무 잎을 엮어 치마를 만들어 입었다(창 3:7). 그러나 이 치마는 몸 전체가 아니라 생식기만 가릴 뿐이었다. 이런 상태로 아담과 하와는 그들 앞에 나타날 하나님을 두려워하며 기다렸다.

그 반역한 하나님의 형상들에게 하나님은 인류 역사에서 맨 처음으로 진짜 옷을 만들어 입히셨다. 그 옷은 조금 있으면 시들고 찢어질 무화과나무 잎과는 차원이 다른 반영구적인 가죽옷이었다(창 3:21). 그것은 하체만 가리는 치마가 아니라 상체도 가릴 수 있는 옷이었을 것이다. 그런데 그 가죽옷은 동물이 생명의 피를 흘려야만 만들 수 있는 옷이었다. 가죽옷은 장차 피 흘림을 통한 인류의 구원이 있을 것임을 예표하고 있다. 이것이 옷의 기원이 담고 있는 의미다.

과거에는 패션쇼가 일반화되지 않았다. TV에서 방영도 하지 않았고 자기가 모델인 것도 숨기고 싶었다. 지금은 모델이 되기 위해 경쟁을 해야 하고 사람들도 쇼 자체에 열광을 한다. 그런데 대부분의 의상이 원래 옷의 목적과는 정반대로 가고 있다.

아담의 가죽옷은 영광이 사라져 버린 부끄러운 몸을 가리는 것이었다. 그러나 지금은 옷이 날개가 되었다. 자기를 과시하는 수단이 되었다. 다른 한편, 지금의 옷은 몸을 가리는 데 집중하는 것이 아니라 노출시키는 데 집중한다. 과거에는 감추어야 했던 부끄러운 육체가 지금은 드러내고 싶은 자랑거리가 되었다. 미의 기준이 현저하게 낮아졌거나 무뎌진 양심으로 부끄러움을 알지 못하게 되었기 때문일 것이다. 타락한 후에도 인간에게 아름다움이 남아 있지만 이 정도의 아름다움은 하와에게는 감추어야 할 수치였을 것이다. 이런 사실을 모르고 거꾸로 살아가는 사람이 너무나도 많다는 사실이 유감이다. 성적인 노출이 도를 넘고 여성의 육체가 상품화되는데도 인권 운동가들조차 유독 여기에 대해서만큼은 입을 닫고 있다.

성경의 역사를 부인하는 진화론의 영향은 옷 입는 데도 영향을 미치고 있다. 나체주의자들은 그들의 당위성을 진화론에 두고 있다. 물론 그들의 말처럼 이 세상에 옷을 입고 사는 동물은 없다. 그들은 사람도 동물들 중 하나이기 때문에 옷을 입지 않는 것이 이상한 일이 아니라고 주장한다. 성경에서 떠났기 때문에 자기들이 타락한 하나님의 형상이 아니라 동물 중 하나라고 생각하는 것이다. 사람이 왜 옷을 입어야 하는지 알 수 없게 되어 버린 것이다.

성경은 외모를 단장하지 말고 내면을 단장하라고 권고한다. "너희 단장은 머리를 꾸미고 금을 차고 아름다운 옷을 입는 외모로 하지 말고"(벧전 3:3) "또 이와 같이 여자들도 단정하게 옷을 입으며 소박함과 정절로써 자기를 단장하고 땋은 머리와 금이나 진주나 값진 옷으로 하지 말고"(딤전 2:9). 하나님은 타락한 우리 육체나 사람이 꾸민 어떤 모양으로도 만족하실 수 없는 분이기 때문이다. 오직 하나님은 하나님의 어린 양이신 그리스도의 보혈로 거듭난 영혼의 옳은 행실의 세마포(계 19:8)를 귀히 보실 뿐이다. 의복에서도 세상과 구별되게 단정한 옷을 입은 거룩한 주님의 제자들이 많아져야 할 것이다.

Ⅲ. 격변과 방주의 생물들

증인의 말씀

✦

요점 1 | 노아 홍수는 지면의 모든 생물이 죽은 사건이었다.

너는 모든 정결한 짐승은 암수 일곱씩, 부정한 것은 암수 둘씩을 네게로 데려오며 공중의 새도 암수 일곱씩을 데려와 그 씨를 온 지면에 유전하게 하라 지금부터 칠 일이면 내가 사십 주야를 땅에 비를 내려 내가 지은 모든 생물을 지면에서 쓸어버리리라 | 창세기 7:2-4 |

땅 위에 움직이는 생물이 다 죽었으니 곧 새와 가축과 들짐승과 땅에 기는 모든 것과 모든 사람이라 육지에 있어 그 코에 생명의 기운의 숨이 있는 것은 다 죽었더라 지면의 모든 생물을 쓸어버리시니 곧 사람과 가축과 기는 것과 공중의 새까지라 이들은 땅에서 쓸어버림을 당하였으되 오직 노아와 그와 함께 방주에 있던 자들만 남았더라

| 창세기 7:21-23 |

요점 2 | 노아 홍수는 생물들뿐 아니라

지구 자체가 멸망된 사건이었다.

하나님이 노아에게 이르시되 모든 혈육 있는 자의 포악함이 땅에 가
득하므로 그 끝 날이 내 앞에 이르렀으니 내가 그들을 땅(the earth)과
함께 멸하리라 | 창세기 6:13 |

그날에 큰 깊음의 샘들이 터지며(all the fountains of the great deep burst
open) 하늘의 창문들이 열려 사십 주야를 비가 땅에 쏟아졌더라
| 창세기 7:11-12 |

이로 말미암아 그때에 세상은 물이 넘침으로 멸망하였으되
| 베드로후서 3:6 |

요점 3 | 노아의 방주에는 코로 숨을 쉬는 모든 생물이 종류대로 탑승하였고 홍수 후에 다시 번성하였다.

너는 고페르 나무로 너를 위하여 방주를 만들되 그 안에 칸들을 막고 역청을 그 안팎에 칠하라 네가 만들 방주는 이러하니 그 길이는 삼백 규빗, 너비는 오십 규빗, 높이는 삼십 규빗이라 | 창세기 6:14-15 |

땅 위의 동물 곧 모든 짐승과 모든 기는 것과 모든 새도 그 종류대로 방주에서 나왔더라 | 창세기 8:19 |

너와 함께한 모든 혈육 있는 생물 곧 새와 가축과 땅에 기는 모든 것 을 다 이끌어 내라 이것들이 땅에서 생육하고 땅에서 번성하리라
| 창세기 8:17 |

요점 4 | 노아 홍수 이후에 환경과 동물들의

생활 방식에 변화가 있었다.

땅이 있을 동안에는 심음과 거둠과 추위와 더위와 여름과 겨울과 낮
과 밤이 쉬지 아니하리라 | 창세기 8:22 |

땅의 모든 짐승과 공중의 모든 새와 땅에 기는 모든 것과 바다의 모든
물고기가 너희를 두려워하며 너희를 무서워하리니 이것들은 너희의
손에 붙였음이니라 모든 산 동물은 너희의 먹을 것이 될지라 채소같
이 내가 이것을 다 너희에게 주노라 | 창세기 9:2-3 |

방주 안의 생물들

1. 과연 동물을 다 태울 수 있었을까?

노아의 방주에 과연 모든 동물의 대표들을 다 실을 수 있었을까? 그럴 수 없었을 것이라고 보는 사람이 많다. 그 이유는 아마도 매스컴을 통해 지구상에는 수백만 종의 생명체가 있는데 그런 중에도 매일 30종이 넘는 생명체가 멸종하고 있다는 기사를 접하기 때문일 것이다. 지금도 매일 30여 종이 멸종된다면 세상에는 얼마나 다양한 생명체가 살고 있는가라고 생각하는 것이다. 그 많은 생명체에 비하면 하얀 수염에 허리가 꼬부라진 늙은 노아 할아버지가 만든 방주란 겨우 쪽배나 다름없어 보인다. 그러니 그 작은 배에 세상의 모든 동물을 다 태울 수 없다고 생각하는 것이다. 하지만 육지 동물의 이름을 대라면 100가지도 대기 어렵다.

한 종류(kind) 안에서는 변이(variation)의 결과로 여러 종(species)을 만들어 낼 수 있다. 이미 앞의 '종류대로'에서 설명했듯이 변이의 다양성은 거의 무궁무진하다. 같은 조상을 가졌음에도 불구하고 서로 자연스럽게 교배하지 않는 집단이 형성될 수 있을 정도로 변이의 폭은 넓다. 자연교배 기피 현상이 생겨나는 집단이 생기면 과학자들은 새로운 '종'이 생겨났다고 말하고, 그 과정을 종분화(speciation)라 부른다. 진화론자들은 이 종분화를 소진화(micro-evolution)라고 부르지만 이것은 새로운 유전정보가 더해져서 생긴 변화가 아니기 때문에 소진화가 아니라 '변이'일 뿐이다. 이 종분화 과정은 바벨탑 사건 이후에 급격하게 진행될 수 있는데 후에 더 자세히 다루기로 한다.

앞에서 예를 든 호랑이, 사자, 치타, 표범, 고양이 등은 고양잇과 동물로 알려져 있는데 모두 한 종류(kind)에서 종분화 과정을 거쳐 생겨난 종(species)들로 아직까지도 고양이 종류 안에 들어 있다. 실제로 사자와 호랑이는 사람들의 도움 없이도 교배가 되고, 호랑이는 퓨마와 퓨마는 야생 고양이인 오셀롯과 오셀롯은 집고양이와 교배가 된다. 결국 사자의 DNA가 고양이에게까지, 역으로 고양이의 DNA가 사자에게까지 전해질 가능성이 있는 것이다. 그것들이 다 같은 한 종류(kind)이기 때문이다. 늑대, 개, 코요테, 딩고, 자칼 등도 모두 같은 종류에서 생겨난 것들이다.

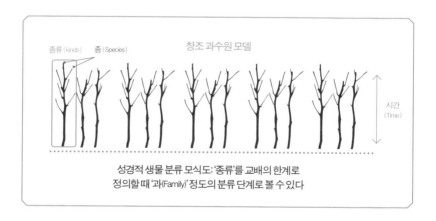

성경적 생물 분류 모식도: '종류'를 교배의 한계로
정의할 때 '과(Family)' 정도의 분류 단계로 볼 수 있다

따라서 방주에 탄 동물들의 수는 사람들이 상상하는 것보다 훨씬 적다. 다른 종(species) 혹은 다른 속(genus)에 속한 동물들은 서로 교배가 되는 경우

가 있지만 다른 과(family)의 동물들은 서로 교배되지 않는 현상을 보면 한 종류(kind)는 대개 세속 과학자들이 분류하는 '과' 정도에 해당하는 것으로 보인다. 만약 한 종류가 한 '과'와 같다면, 그리고 코로 숨을 쉬는 동물만 방주에 들어갈 것이므로, 방주에 실어야 할 동물은 329'과'에 불과하다. 한 창조과학자는 한 '종류'를 '과'가 아니라 그 아래 단계인 '속'으로 가정해도 방주에 실어야 할 모든 동물의 수가 1만 6500마리 이하라고 밝히고 있다.[51]

이제 방주의 모양과 크기를 살펴보자. 방주는 배가 아니라 상자(Ark, 히브리어로 테바)다. 창세기 6장에는 이 방주의 제도가 있는데 길이가 300규빗, 폭이 50규빗, 높이가 30규빗인 상자였다. 규빗(cubit)이란 성인 남자의 팔꿈치에서부터 가운뎃손가락 끝까지의 길이로 보통은 18인치(45cm)이며 더 긴 규빗도 있다. 보통 규빗을 성경의 방주에 적용한다 해도 방주의 길이는 135m, 폭 22.5m, 높이 13.5m에 이르는 대형 상자다. 화물 기차에 연결된 대형 컨테이너 522량이 들어갈 수 있는 엄청난 규모의 상자다. 만약 이 공간에 양을 가득 싣는다면 12만 5000마리를 실을 수 있다(양은 방주에 들어가야 할 동물들의 평균 크기보다 더 크다).

방주의 크기(양 12만 5000마리)와 방주에 태워야 할 최대한의 동물 수(1만 6500마리)를 비교해 보면 동물이 차지하는 공간은 방주의 13% 미만이다. 만약 329과의 대표들만 탔다면 1000마리가 조금 넘었을 것이다. 이런 사실을 잘 알고 계신 하나님은 이렇게 말씀하셨다. "너는 먹을 모든 양식을 네게로 가져다가 저축하라 이것이 너와 그들의 먹을 것이 되리라"(창 6:21). 하나님의 예비하심으로 방주 안에서 여덟 명의 사람과 각 종류의 대표 동물들이 1년을 지낼 수 있었던 것이다.

51 J. Woodmorappe, *Noah's Ark: A Feasibility Study* (TX, USA: Institute for Creation Research), 1996

2. 정결한 동물, 부정한 동물

하나님은 동물을 창조하실 때 정결한 동물이나 부정한 동물이나 구분 없이 종류대로 창조하셨다. 그런데 노아의 방주에 동물을 실을 때는 정결한 것과 부정한 것을 구별하셨다. "너는 모든 정결한 짐승은 암수 일곱씩, 부정한 것은 암수 둘씩을 네게로 데려오며"(창 7:2) "정결한 짐승과 부정한 짐승과 새와 땅에 기는 모든 것"(창 7:8) "노아가 여호와께 제단을 쌓고 모든 정결한 짐승과 모든 정결한 새 중에서 제물을 취하여 번제로 제단에 드렸더니"(창 8:20). 또 레위기 11장과 신명기 14장에서는 식용으로 사용할 수 있는 정결한 동물과 먹어서는 안 되는 부정한 동물들의 종류를 규정하고 있다.

정결한 짐승은 제사에도 사용되고 식용으로도 사용되는 것들이다. 제사에 사용된 동물들로는 수소, 암소, 숫양, 암양, 숫염소, 암염소, 산비둘기, 집비둘기 등이며, 식용으로 사용된 동물들(레 11:2)은 제사에 사용되던 동물들 외에 사슴(왕상 4:23), 영양, 노루, 산염소, 산양(신 14:5) 등 '굽이 갈라져 쪽발이 되고 새김질하는' 짐승(레 11:3)과 '지느러미와 비늘이 있는' 물고기들(레 11:9) 등이다.

정결한 짐승에 들지 않는 동물은 모두 부정한 동물이다. 성경에 명시된 예들은 다음과 같다. 낙타, 사반(오소리), 토끼 등은 새김질은 하되 굽이 갈라지지 아니하였으므로(레 11:4-6), 돼지는 굽이 갈라져 쪽발이로되 새김질을 못하므로(레 11:7) 고기로 먹을 수 없었다.

위 성경 기록에는 토끼가 새김질을 하는 동물로 구분되어 있으나 토끼는 새김질하지 않는다. 그러나 원래 히브리어로 이 동물의 이름은 '아르네베쓰(arnebeth)'로 토끼(hare)가 아니라 우리가 알지 못하는 동물이다. 번역하는 과정에서 현재 살고 있는 동물들과 무리하게 연결한 데서 온 오역이다. 그러므로 '성경이 틀린 기록을 가지고 있다'고 주장할 때는 이 점을 유의해야 할 것이다.

부정하기 때문에 먹어서는 안 되는 새의 명단에는, 독수리와 솔개와 물수리와 말똥가리와 말똥가리 종류와 까마귀 종류와 타조와 타흐마스와 갈매기와 새매 종류와 올빼미와 가마우지와 부엉이와 흰 올빼미와 사다새와 너새와 황새와 백로 종류와 오디새와 박쥐(레 11:13-19) 그리고 매 종류와 따오기와 펠리컨과 흰물오리와 고니와 푸른 해오라기와 오디새(신 14:12-18) 등이 있다. 성경은 정결하지 못한 새의 조건에 대해 언급하지 않고 있다. 그러나 이들의 특징은 다른 동물을 잡아먹는다는 것이다. 반면에 제사와 식용으로 사용된 모든 정결한 짐승들은 초식만 하는 동물들이다. 하지만 똑같이 초식만 하는 토끼나 코끼리가 왜 부정한 동물로 취급되어야 하는지는 아직 알 수 없다.

부정한 동물들은 대부분 건강에 좋지 않은 것들로 알려져 있다. 하나님은 자기 백성의 건강을 위하여 금지하신 것으로 보인다. 물론 사람이 부정한 동물을 잡아먹는 것은 죄가 아니다. 그렇다 보니 사람들은 부정한 동물을 마음대로 먹어도 상관없다고 생각한다. 그러나 생명의 피를 흘려야 하는 육식은 허락된 것이지 장려하는 것은 아니다. 하나님이 가장 기뻐하시는 음식은 지금도 여전히 채소와 과일이 주축이 된 식단일 것이다. 이 사실을 기억하고 실천한다면 이 땅에서도 건강의 복을 누리게 될 것이다.

3. 어떻게 돌볼 수 있었을까?

방주에 탄 동물의 수는 적어도 1000여 마리, 많으면 1만 6500여 마리에 이른다. 그런데 방주 안에는 사람이 여덟 명뿐이고 그 기간도 1년이 약간 넘는다. 과연 노아 가족 8명이 그 많은 동물들을 돌볼 수 있을까?

이 점에 대해서도 방주 연구의 대가인 우드모라페의 보고서[52]를 참고해 보자. 그는 현대식 농장들에서 한 사람이 돌보는 동물의 수를 조사해 보았다. 토끼나 쥐는 5000마리, 돼지 3840마리, 닭 3만 마리 등이다. 이를 통해 시설만 잘되어 있다면 8명이 수만 마리의 동물들을 관리할 수 있을 것으로 보인다. 그렇다면 방주의 시설은 과연 최첨단이었을까?

방주는 초현대식 시설을 갖추었을 것이며, 노아가 그런 방주를 건축할 만한 능력을 가졌으리라는 것은 의심할 여지가 없다. 현대의 철선은 방주보다 훨씬 큰 것이 많지만, 목선의 경우 아직까지 방주처럼 큰 것이 제작된 적이 없다고 한다. 방주는 규모 면에서 나무로 만들어진 배 종류 중 최대를 자랑하고 있다. 당시 문명을 접근하는 우리의 생각에 진화론적 전제가 있으면 방주의 실제성을 의심하게 된다. 하지만 노아가 살던 당시는 구석기 시대가 아니라 이미 청동기와 철기가 사용되던 시대다.[53] 하나님이 디자인하신 방주의 동물 우리[54]가 현대식 농장의 축사보다 못할 이유가 없다. 이런 시설에서 노아 가족 8명이 모든 동물을 돌보는 일은 그렇게 어려운 일이 아니었을 것이다.

최첨단 방주 안에서 많은 동물이 겨울잠(hibernation)을 자는 상태로 있었을 가능성도 있다. 보통 겨울잠이라고 부르는 현상은 추울 때뿐 아니라 아주 더울 때도 일어나는 현상이다. 동면을 하면 동물들의 대사 속도가 급격하게 낮아지므로 먹거나 배설하는 횟수가 그만큼 줄어들게 된다. 예를 들어, 북극

---

52 J. Woodmorappe, *Noah's Ark: A Feasibility Study* (TX, USA: Institute for Creation Research), 1996

53 창세기 4:22에 의하면, "씰라는 두발가인을 낳았으니 그는 구리와 쇠로 여러 가지 기구를 만드는 자요"라고 기록되어 있다. 두발가인은 아담의 8대손이고 노아는 10대손이다.

54 실제로 하나님은 "방주를 만들되 그 안에 칸들을 막고"(창 6:14) "거기에 창을 내되 위에서부터 한 규빗에 내고 그 문은 옆으로 내고 상 중 하 삼층으로 할지니라"(창 6:16)고 지시하셨다. 방주는 3층 구조에 종류대로 동물들이 들어갈 수 있도록 각 방을 설계했음을 알 수 있다.

149

다람쥐는 평소 맥박수가 1분에 350번인데 동면을 하면 맥박수가 4번 이하로 떨어지고, 체온도 2℃로 낮아져 평소 에너지의 2%만 사용한다. 지금도 겨울 잠을 자는 포유동물과 조류가 많다. 또한 겨울잠을 자지 않는 동물들도 겨울 잠을 잘 가능성을 가지고 있다고 한다. 하나님이 동물들의 동면 능력을 활용 하셨다면, 방주에서 노아 가족은 훨씬 수월하게 동물들을 돌보았을 것이다.

성경은 방주 안의 생활에 대해 이렇게 기록하고 있다. "하나님이 노아와 그와 함께 방주에 있는 모든 들짐승과 가축을 기억하사"(창 8:1a). 방주에 있 던 사람들과 동물은 모두 전능하신 하나님의 돌보심 아래 가장 안전하게 있 었던 것이다.

4. 공룡도 방주에?

'공룡과 사람이 같은 시대에 살았는가?'

이 질문은 사람이 진화론 속에 살고 있는지, 성경 역사 속에 살고 있는지 알아볼 수 있는 좋은 잣대가 될 수 있다. 진화론에 의하면, 공룡은 지금으로 부터 2억 년 전부터 지구상에서 번성하다가 6500만 년 전 중생대가 끝날 무 렵 멸종되었다. 이 설명에 의하면, 사람은 공룡이 멸종된 후 거의 6500만 년 후에 존재하기 시작했으므로 사람이 공룡과 같은 시대에 살았을 수가 없다.

성경은 공룡과 사람이 같은 날 창조되었고 함께 번성하다가 타락을 맞 보았고, 노아 홍수 때 방주에 타지 않은 모든 공룡은 죽었으며, 사람과 함께 방주에서 나와 또다시 번성했음을 알려 주고 있다. 그러므로 성경 역사가 사 실이라면, 홍수 전이든 홍수 직후든 사람은 여러 종류의 공룡들을 보았을 것 이고 거기에 대한 기록이 증거로 남아 있어야 한다. 실제로 사람들이 공룡과 함께 살았음을 생생하게 보여 주는 증거들이 많다. 하지만 진화론과 어울리지 않기 때문에 일반에는 잘 소개되지 않고 있다.

공룡과 사람이 함께 살았다는 증거는 여러 대륙에서 그리고 민족들에서 발견되고 있다. 직감적으로 알 수 있는 증거들로는 그림과 조형물이다. 미국 유타(Utah)주의 아나사지 인디언들의 암벽화에는 대형 초식공룡이 그려져 있고, 그랜드캐니언의 일부인 하바수파이 캐니언에도 공룡이 사람들과 함께 그려져 있다. 12세기에 건축된 캄보디아의 한 사원에는 돌로 된 창틀에 여러 동물들이 조각되어 있는데, 그중에 스테고사우루스(stegosaurus)가 있다. 이밖에도 로마(주후 200년경)와 튀르키예(주전 550년)에서 발견된 공룡과 수룡 그림들이 있고, 중국의 상나라 시대와 멕시코에서 공룡의 조소가 무수히 발견되었다.

거의 모든 민족에게서 용(dragon)에 대한 전설이 남아 있는 것을 본다. 그런데 서양인들이 생각하는 용과 동양인들이 생각하는 용은 그 모습이 서로 다르다. 서양인에게 용은 날개 달린 공룡이지만 동양인에게 용은 하늘을 나는 뱀의 이미지를 가지고 있다. 자기 조상들이 쉽게 볼 수 있었던 익룡이나 수룡이 그 전설의 근거가 되었기 때문일 것이다. 띠를 말하는 12지에도 용이 나오는데 유일하게 이 동물만 현재 생존하지 않는다. 아마도 12지가 만들어질 당시에는 '용'으로 불리는 동물이 있었거나 본 사람이 많았을 것이다.

문서 기록으로 남아 있는 공룡들도 있다. '공룡(dinosaur)'이란 단어가 1841년에 만들어졌기 때문에 그 이전 문헌에서는 '공룡'이란 단어를 발견할 수 없다. 하지만 기록으로 묘사된 것들을 보면 그 모습이 공룡과 같은 경우가 많다. 수메르 점토판(주전 2000년경)에는 길가메시라는 왕이 '용'을 죽였다는 기록이 있고, 알렉산더의 군대가 인도에 진출했을 때(주전 330년경) 그곳 사람들이 '커다란 파충류' 즉 공룡을 섬겼다는 기록이 있다. 더 최근에는 이탈리아의 한

농부가 '용'을 죽였다는 기록이 과학 교과서(주후 1572년)에 남겨져 있다.

성경의 욥기 40장과 41장에는 대형 초식 공룡으로 보이는 베헤못과 수룡으로 보이는 리워야단이 잘 묘사되어 있다. 욥이 직접 본 동물들로 하나님이 이 두 동물을 길게 언급하셨다. 이밖에도 창세기 1장 21절에는 큰 물고기 혹은 바다 괴물로 번역된 탄닌(히브리어)이라 불리는 동물이 나오는데, 거대한 바다 생물인 수룡이었을 것이다. 이상의 다양한 증거들을 볼 때 공룡과 사람이 함께 살았다는 성경의 역사가 사실임을 확신할 수 있다. 또한 공룡에 대한 인류의 목격과 증거들은 모두 노아 홍수 이후에 만들어진 것이다.

큰 공룡을 어떻게 방주에 태울 수 있었을까? 홍수에서 살아남아야 하기 때문에 공룡도 각 종류별로 방주에 타야 했다. 이때 방주 높이(13.5m)보다 더 키가 큰 공룡들은 어떻게 방주에 탈 수 있었을까? 실제로 공룡 화석 중에는 이보다 훨씬 큰 것들도 발견된다.

그런데 이 문제는 생각보다 간단하다. 생식기 직전의 공룡들은 아직 그

캄보디아 타 프롬 사원 돌기둥에 새겨진 동물 암각화.
스테고사우루스를 닮은 동물이 새겨져 있다

렇게 크지 않기 때문에 어렵지 않게 방주에 들어갈 수 있었을 것이다. 대부분의 동물은 S자 모양의 성장 곡선을 보인다. 어릴 때 천천히 자라다가 갑자기 성숙해지는 시기가 있는데 사람으로 말하면 사춘기다. 대부분의 동물들은 노쇠해지면 다소 작아지는 현상이 있는데, 파충류의 경우는 그 성장이 멈추지 않는다. 또 공룡은 모두 알에서 깨어나기 때문에 큰 종류의 공룡일지라도 새끼 때는 작을 수밖에 없다. 방주에서 나와 생육하고 번성하는 데 필요한 공룡의 암컷과 수컷은 다 자라 방주만 한 늙은 공룡은 아니었을 것이다.

한 종류 안에서 거의 무한한 변이가 일어난다는 것을 감안하면 방주에 탄 공룡의 종류는 그리 많지 않았을 것이다. 공룡 전문가들에 의하면 600-700여 종의 공룡이 있었다고 한다. 그런데 종을 나누는 일은 그리 간단한 일이 아니다. 지금 살아 있는 동물들의 종을 구분하는 것도 쉽지 않은데 공룡의 경우는 화석만 보고 종을 구분해야 된다. 그것도 온전한 화석이 아니라 몸통의 일부만 발견되는 경우가 대부분이다. 여기에 학자들의 명예욕까지 덧붙여지면, 한 가지 종으로 수십 가지 다른 종명을 만들어 내기도 한다. 창조과학자들은 아무리 많아도 공룡이 50-70종류를 넘지 않았을 것이라고 본다. 방주에 타는 방식은 종의 대표가 아니라 종류의 대표이므로, 급격한 성장기를 지나지 않은 적당한 크기의 젊은 공룡 수십 종류가 방주에 탔을 것이다.

격변과 방주 2

방주 밖의 생물들

---

1. 조개 화석과 물고기 화석

물고기 화석은 어렵지 않게 볼 수 있다. 특히 물고기 화석은 비늘이나 지느러미, 작은 뼈, 그 움직임까지 생생하게 보여 준다. 물고기가 오래전에 죽었다면 어떻게 썩지 않고 보존될 수 있으며 마치 살아 있는 듯한 모습을 하고 있을까?

화석이란 과거 생물의 흔적이나 시체가 퇴적물과 함께 굳은 것을 말한다. 일반적인 화석은 생명체의 성분은 화석화 과정에서 분해되어 없어지고, 돌 성분인 광물질로 치환되어 모양이 그대로 유지된 채 남아 있다. 하지만 일부는 뼈 자체로 잘 보존된 경우도 있다. 과학자들은 일반인들이 화석이라고 부르는 것뿐 아니라 오래된 뼈 자체와 동물의 발자국 혹은 빗방울 흔적까지도 화석이라고 부른다.

그렇다면 생생한 모습의 물고기 화석은 어떻게 만들어졌을까? 물고기가 죽으면 화석으로 남을 가능성이 거의 없다. 다른 물고기에게 먹히든지 며칠만 지나면 분해되어 흔적도 없이 사라지고 만다. 생생한 물고기 화석으로 보존되려면 물고기가 썩기 전에 체내로 광물질이 스며들어 그 형태를 유지시켜야 한다. 그러므로 싱싱한 물고기 화석은 죽은 뒤 오랜 시간 동안 화석화가 진행된 것이 아니다. 살아 있을 때 갑자기 묻히고 화석화도 썩어 없어지기 전에 빠르게 즉 격변적으로 진행되어야 한다.

노아 홍수의 격변은 전 지구적으로 발견되는 화석의 필요충분조건이다. 물고기 화석과는 비교도 할 수 없이 많이 발견되는 조개 화석들도 역시 모든 나라에서 생생한 모습으로 발견된다. 그 화석들은 수억 년의 오랜 지구 역사를 말하는 것이 아니라, 과거 언젠가 전 지구의 바다 밑을 다량의 흙이 빠르게 이동하며 수많은 해양 무척추 생물을 묻은 뒤 빠르게 화석화가 진행된 대형 사건이 있었음을 말해 주고 있다. 아주 짧은 기간에 쌓인 것으로 보이는 대규모 지층과 그 속에 들어 있는 수많은 해양생물 화석들은 전 지구가 물로 멸망한 노아 홍수 사건이 사실이었음을 확인시켜 준다(벧후 3:6). 노아 홍수의 지질학적인 증거는 이미 많은 자료가 준비되어 있다.[55]

왜 물고기 화석과 조개 화석이 가장 많이 발견될까? 진화론적인 역사가 사실이라면 진화 과정에 있는 여러 가지 생물들이 골고루, 점진적으로 발견되어야 할 것이다. 그러나 현재 발견된 화석들의 숫자를 보면 무척추 생물 화석이 95%로 거의 전체를 차지한다.[56] 노아 홍수가 사실이라면 조개와 같은 해양생물 화석이 가장 많이 발견되는 것과 화석들이 생생한 모습을 보여 주는 것을 쉽게 설명할 수 있다. 물과 흙의 격변적인 이동은 가장 아래에서 살며 격변을 피하기 어려운 조개와 같은 저서생물을 쉽게 매몰시켰을 것이다. 그다음이 물속 식물과 물고기였을 것이다. 노아 홍수는 격렬한 지층의 융기와 마그마 활동이 동반된 격변이었기 때문에 광물질이 생명체 속에 스며드는 화석화 과정이 매우 빠르게 진행되었을 것이다. 전 지구적으로 발견되는

55 이재만,《노아 홍수 콘서트》, 두란노, 2009
56 이재만, 앞의 책, p. 74

생생한 화석들은 대부분 노아 홍수로 형성된 것이다.

진화가 사실임을 주장하려면 진화하는 과정에 있는 생명체들의 중간 화석이 발견되어야 한다. 중간 화석이 발견될 가능성이 가장 높은 곳은 발견 빈도수가 가장 큰 무척추 해양생물 화석에서일 것이다. 이들은 전체 화석의 대부분을 차지하므로 그중에는 무척추동물에서 척추동물로 혹은 한 조개에서 다른 조개로 진화하고 있는 중간 모습이 발견되어야 마땅하다. 하지만 수많은 무척추 해양생물 화석에서 진화의 과정을 보여 주는 '빠진 고리'는 발견되지 않았다. 가장 빈도수가 높은 곳에서 발견되지 않았다면 보다 상위 진화 단계에서 중간 화석을 찾으려는 시도는 합리적이지 않아 보인다.

처음부터 완벽한 형태로 발견되는 화석들은 오히려 진화를 부정하고 창

물고기 화석

세기의 '종류대로'의 창조를 확증하고 있다. 게다가 화석들은 지금의 생명체와 똑같은 모습을 하고 있다. 각 종류의 조개들과 물고기들은 종류대로 창조되어 생육하고 번성하던 중 노아 홍수의 격변을 만나 화석이 된 것이다. 그 흔적은 오히려 우리에게 노아 홍수 전의 세상에 살던 생물들도 지금의 생물들과 크게 다르지 않았음을 알려 준다.

2. 그랜드캐니언의 지층과 화석들

그랜드캐니언은 창조과학자들이 꼭 한번 가보고 싶어 하는 곳이다. 그곳은 창조와 노아 홍수 격변의 증거들을 고스란히 보여 줌으로써 진화론이 무릎을 꿇게 되는 기념비적인 장소이기 때문이다. 그랜드캐니언에 붙여진 수억 년의 긴 역사는 사실이 아니다. 진화론은 그랜드캐니언의 수평 지층이 5억 5천만 년 전부터 쌓이기 시작해서 2억 5천만 년까지 3억 년 동안 쌓인 고생대 지층이라고 주장한다. 그러나 이 연대들은 과학적인 방법으로 알아 낸 것이 아니라 진화론에 근거해서 결정된 것이다.

그랜드캐니언의 수평 지층은 모두 다 1년간의 노아 홍수 기간에 쌓였다. 진화론에서 주장하듯이 지층이 아주 느리게 쌓인다면 층과 층 사이에는 많은 시간 간격이 있어야 한다. 그렇다면 나무가 자라거나 물이 흐르면서 만들어 낸 침식 흔적이 발견되어야 한다. 그러나 층과 층 사이에는 전혀 오랜 시간 간격이 없다. 이런 현상은 그랜드캐니언만 그런 것이 아니라 이 세상 거의 모든 지층들의 공통점이다. 대부분의 지층들이 노아 홍수의 격변적 사건으로 형성되었기 때문이다.

또 다른 증거는 수평 지층들이 모두 휘어 있다는 사실이다. 지층이 압력을 받아 휜 것을 습곡(folding)이라 하는데 그랜드캐니언의 카이밥 요곡(Kaibab upwarp)은 수평층 전체가 함께 휘어 있다. 만약 맨 아래 층과 맨 위 층이 쌓인 시간 간격이 3억 년 차이가 있다면 맨 위 지층이 쌓이기 전에 맨 아래 지층은 단단한 암석이 되어 있어야 한다. 이럴 경우 암석이 된 지층은 휘어서 습곡이 되는 것이 아니라 부서져야 한다. 카이밥 습곡은 전체 지층이 부드럽게 휘어져 있기 때문에 퇴적물이 아직 굳기 전에 동시에 압력을 받았다고 보아야 한다. 또 그랜드캐니언 지층들에서는 빠른 속도로 이동하는 퇴적물에 묻힌 생생한 화석들이 발견된다. 그러므로 그랜드캐니언 지층들은 빠르게 연속적으로 지층이 쌓인 후 카이밥 요곡 운동 때 동시에 융기되면서 부드럽게 휘어진 습곡을 남기게 되었다고 해석된다.

진화론자들은 그랜드캐니언 수평층의 맨 아래 층을 고생대의 캄브리아기 지층이라고 부르며 5억 5천만 년 전에 형성된 것이라고 주장한다. 앞서 언급했듯이 지층의 연대 측정은 과학적인 방법이 아닌 그 속에 들어 있는 화석을 근거로 측정한다. 그 지층 속에는 6-5억 년 전에만 살던 생물들의 화석이 있다는 것이다. 그런데 심각한 문제는 이 화석들의 나이도 연대를 측정해서 얻은 것이 아니란 사실이다.[57]

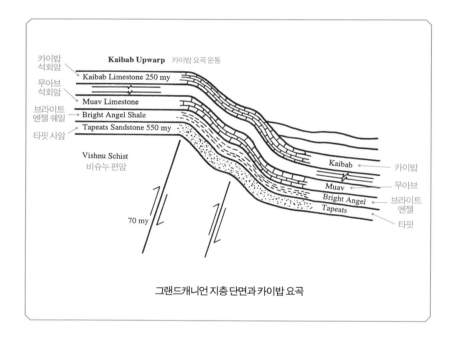

그랜드캐니언 지층 단면과 카이밥 요곡

---

57 아주 짧은 지질시대에만 산 화석을 표준화석(index fossils)이라고 부른다. 고생대-중생대-신생대라 불리는 지질시대는 이런 표준화석으로 결정되었다. 그러나 어떤 표준화석도 연대를 직접 측정한 것이 아니다.

시대를 결정하는 표준화석 중에 유명한 것이 삼엽충으로 고생대 캄브리아기와 오르도비스기의 표준화석이다. 이 삼엽충 화석이 그랜드캐니언의 수평층 맨 아래 지층에서 발견되었기 때문에 그 지층을 5억 5천만 년 전의 캄브리아기 지층이라고 해석한다. 그런데 그와 동일한 삼엽충 화석이 그랜드캐니언의 맨 위 지층에서도 발견된다. 그렇다면 맨 위 지층도 5억 5천만 년 된 것일까? 삼엽충 외에도 그랜드캐니언에서는 여러 가지 표준화석들이 진화론의 순서와 상관없이 뒤죽박죽으로 발견된다. 이런 현상은 그랜드캐니언에서만이 아니라 세상 모든 지층에서 발견된다.[58]

지질시대표는 진화론이 만든 가짜 역사다. 교과서가 들려주는 지질시대 역사는 진화의 믿음으로 만들어진 지질시대표에 세계 각처에서 발견되는 지층과 화석을 꿰어맞춘 것에 불과하다.

BOX **살아 있는 화석**

실러캔스, 투구게, 은행… 이런 동식물들은 시험에도 잘 나오는 '살아 있는 화석'이다. 화석은 죽은 것이므로 '살아 있는 화석'이란 말 자체가 아주 괴상하다. 생물은 생물에서만 나오고 한 종류는 같은 종류만 낳기 때문에 현재 존재하는 생물들은 모두 과거에도 그 조상들이 살아 있어야 하고 화석을 남겼어야 한다. 그런데 어떤 생명체는 진화론적인 지질시대의 특정 시기에만 화석을 남기고 그 이후로는 자취를 감춰 버려서 멸종한 줄로 알았다. 하지만 현재 살아 있는 것으로 발견되었다. 이런 생명체들을 가리켜 '살아 있는 화석'이라고 부른다. 현재 500여 종의 생물이 살

---

58 Cutler, Alan H., Karl W. Plessa, "Fossils out of Sequence: Computer simulations and Strategies for Dealing with Stratigraphic Disorder," *Palaios* v. 5 (June 1990), pp. 227-235

아 있는 화석이라고 알려져 있다.

'살아 있는 화석' 실러캔스(Coelacanth)는 다른 '살아 있는 화석'들보다 뉴스를 많이 타는 물고기다. 이 물고기는 어류에서 양서류로 진화하는 과정에서 멸종되었다고 알려졌다. 실러캔스는 진화론적으로 4억 년 되었다는 지층부터 8천만 년 전 지층에서까지 화석으로 발견되다가 그 이후 자취를 감췄다. 그런데 1938년 남아프리카 근처 인도양에서 처음 잡힌 이래로 계속해서 아직도 진화하지 않은 채 남인도양에서 잡히고 있다. 살아 있는 화석인 것이다. 그런데 실러캔스는 왜 4억 년 전이나 8천만 년 전이나 지금이나 똑같은 모습을 하고 있을까? 이것은 진화론자들을 당혹스럽게 한다.

'살아 있는 화석'을 통해 알 수 있는 또 다른 사실은 같은 지층에서 발견되지 않았어도 같은 시대에 살 수 있다는 것이다. 지금 실러캔스와 사람은 동시대에 살고 있다. 그러나 인간과 실러캔스는 같은 지층에서 화석이 되기 극히 어렵다. 같은 이유로 공룡 화석과 사람 화석이 같은 지층에서 발견되기 어렵다. 반면에, 어떤 공룡 화석은 공룡의 후손이라는 새를 비롯해 각종 포유류와 현대의 동식물들과 함께 발견되고 있다.[59] 공룡의 연대 측정에서 다루었듯이 이렇게 진화론적으로 앞뒤가 맞지 않는 화석들은 보도에서 가려지고 그 자료들은 사장되거나 폐기되고 있다.

3. 검은 화석

석탄은 생성 원리가 숯과 비슷하다. 나무에 열을 가할 때 공기(산소)가 있으면 산화되어 재로 변하지만 공기를 차단하면 탄화되어 숯이 된다. 석탄은

---

59 〈리뷰〉살아 있는 화석: 창조론의 강력한 논거; 공룡 지층에서 현대 생물들이 발견되고 있다. http://www.kacr. or.kr/library/itemview.asp?no=5274&series_id=A0003&category=H00&orderby_1=subject&page=22

공기가 없는 상태에서 열과 압력을 받아 돌처럼 변한 것으로 과거 식물이 탄화작용을 받아 생성된 검은 화석이다.

지구에 매장된 엄청난 석탄량으로 볼 때, 언젠가 매우 많은 나무가 매몰되어 열과 압력을 받아 탄화 과정을 거쳤을 것이다. 과학 교과서나 TV 등에서는 수억 혹은 수천만 년의 세월이 흐르는 동안 식물들이 늪지대와 같은 환경에서 자라다 그 자리에서 묻히고 긴 기간을 지나는 동안 열과 압력을 받아 점점 질이 좋은 석탄으로 변했다고 설명한다. 그러나 이 설명은 전혀 과학적이지 않다.

먼저 석탄의 재료들은 아주 짧은 기간 동안에 준비되어야 한다. 미국에서 발견된 석탄층 중에 가장 두꺼운 곳은 75m나 되는데, 진화론의 이론에 의하면, 이 정도 두께의 석탄층을 만들기 위해서는 300만 년의 시간이 필요하다.[60] 늪지대에서 이렇게 오랜 기간에 걸쳐 식물이 쌓였다면 석탄이 되기 전에 썩어 분해되었을 것이다. 또한 석탄의 가장 주요한 성분이 나무의 목질부가 아니라 나무껍질[61]이다. 이 사실은 석탄의 재료들이 늪지대에 축적되어 준비된 것이 아니라 어딘가에서 나무껍질만 분리되어 이동해 왔음을 시사한다. 늪지대와 같은 환경에서 석탄이 생성되었다면 나무껍질보다 목질부가 주성분이 되어야 하고 나무의 가지와 잎과 뿌리 등이 함께 있어야 할 것이다.

그렇다면 어떤 과정이 다량의 나무를 껍질만 분리시켜 퇴적물과 교대로 쌓이게 할 수 있을까? 석탄 전문가들은 이 과정을 아직도 설명하지 못하고 있는데 진화론의 패러다임에 갇혀 있기 때문이다. 그러나 한 창조과학자가 석탄의 주 성분이 나무의 목질부가 아니라 나무껍질로 이루어지게 된 과정

---

60 세속 지질학자들은 늪에서 1인치 두께의 석탄층을 만드는 데 필요한 식물들이 축적되려면 약 천 년의 시간이 필요하다고 한다.

61 Ken Ham, *The New Answers Book 3* (AR, USA:Master Books), pp. 253-262, 2010

을 설명했다.

　먼저, 늪지대 상황이 아니라 노아 홍수의 격변적인 상황이 전제된다. 지질학적 격변으로 뽑힌 다량의 나무들이 물에 떠 있다 불려서 느슨해진 후 서로 부딪치며 목질부와 껍질이 분리된다. 그리고 물을 흡수해 무거워진 나무껍질만 깊은 물 밑에 가라앉는다. 그런 다음, 짧은 시간 안에 나무껍질 층 위에 퇴적물이 몰려와 쌓이게 되고 산소를 차단하게 되었을 것이다.

　이러한 과정은 물 위에 떠 있는 나무껍질이 모두 가라앉을 때까지 반복될 수 있다. 나무껍질 층을 매몰시킨 많은 퇴적물은 산소를 차단할 뿐 아니라 나무껍질에 압력을 가하였을 것이다. 한편, 노아 홍수 기간에 활발했던 마그마 활동이 열을 제공하자 나무껍질들은 순식간에 석탄이 될 수 있었다.[62]

　이 모델은 미국 워싱턴주의 세인트헬렌산에서 화산이 폭발한 뒤 인근의

홍수 모델에 입각한 석탄 형성 모델

62　실제로 석탄 형성에 대한 여러 실험들은 적절한 온도 조건만 맞추면 나무가 몇 시간 혹은 몇 달 안에 석탄이 되었음을 보고하였다.

스피릿 호수에서 그대로 관찰되었다.[63] 진화론 과학자들이 가장 골치 아프게 생각하는 석탄 형성 과정이 창조과학자가 설명한 그대로 재현된 것이다. 실제로 스피릿 호수 바닥에는 거의 나무껍질들만 모여 있었으며, 화산성 퇴적물에 덮여 갈탄 정도로 변화되어 있었다.

또 석탄은 대부분 여러 겹의 탄층으로 발견된다. 석탄층과 흙층이 반복적으로 쌓였음을 보여 준다. 즉 물 위에 떠 있던 나무에서 나무껍질이 계속 바닥에 떨어지는 동안 다량의 흙이 간헐적으로 몰려와 나무껍질 위에 층을 만들었음을 알 수 있다. 이런 현상이 진화론 과학자들에게는 수수께끼다. 그러나 전 지구의 땅을 파괴시킨 노아 홍수 격변 모델에서는 엄청난 양의 물과 흙의 이동이 있었을 것이므로 매우 짧은 시간에 나무껍질 층과 흙층이 교대로 쌓일 수 있는 조건을 제공한다. 또한 이 모델은 늪지의 규모로는 설명할 수 없는 광대한 석탄층의 규모도 잘 설명한다. 여러 가지 조건들을 볼 때, 석탄의 형성도 진화론적 늪지 모델이 아니라, 노아 홍수 격변에 의해 잘 설명된다.

4. 석탄의 형성 연대와 환경

2006년 창조와 진화의 토론에 종지부를 찍을 만한 연구 결과가 발표되었다.[64] 일단의 창조과학자들이 방사성 동위원소 연대 측정 연구를 통하여 지구의 나이가 수십억 년이 아니라 불과 수천 년임을 밝힌 것이다. 이 연구는 창조와 성경 역사를 지지하는 과학적인 증거들을 다수 제시함으로써 진

63   Morris and Austin, *Footprints in the Ash: The Explosive Story of Mount St. Helens* (AR, USA: Master Books), 2003
64   Don DeYoung, *Thousands not Billions: Challenging the Icon of Evolution, Questioning the Age of the Earth* (AR, USA: Master Books), 2005

화론적 지구 역사를 부정한 것이기 때문에 큰 의미가 있다. 그중 하나가 석탄에 대한 연구다.

방사성 탄소 연대 측정법의 원리는 일반 방사성 동위원소 연대 측정법의 원리와 동일하다. 방사성 탄소(^{14}C)는 일정한 속도로 질소 가스로 변한다. 따라서 측정하려는 물질에 방사성 탄소의 양이 적으면 오래된 것이고 많으면 오래되지 않은 것이다. 이 원리를 사용하여 물체의 연대를 측정하는데 생명체에는 탄소가 풍부하게 들어 있으므로 방사성 탄소 동위원소법은 주로 생명체가 죽은 연대를 측정하는 데 사용된다.

이론적으로, 죽은 지 약 10만 년이 지나면 그 생명체 속에는 방사성 탄소가 전혀 없게 된다. 생명체 속에 들어 있던 방사성 탄소는 시간이 흐르면 계속 붕괴되어 질소 가스가 되어 점점 사라지기 때문이다. 이 원리를 핑계로 진화론자들은 수억~수백만 년 되었다고 여겨지는 화석이나 유골들의 연대를 측정하지 않는다. 그들의 믿음이 손상되지 않게 하려고 연대 측정도 하지 않은 채 화석들이 그렇게 오래되었다고 주장하는 것이다. 일반 박물관이나 교과서에 소개된 모든 화석의 나이는 측정된 연대가 아니라 진화론을 지지하도록 결정된 것이다.[65]

석탄도 원래는 식물이었기 때문에 묻힐 당시에 방사성 탄소를 풍부하게 가지고 있었을 것이다. 방사성 탄소 연대 측정법으로 석탄의 연대를 측정하면 어떻게 될까? 앞에서 언급한 창조과학자들은 각각 다른 지역에서 채집한 고생대 석탄 네 가지, 중생대 석탄 세 가지 그리고 신생대 석탄 세 가지 총 열 가지의 석탄 연대를 측정하였다. 이 석탄들은 모두 미국석탄은행에서 기증받은 공인된 것으로서, 진화론 연대에 의하면 3억 1800만~3400만 년 된 것

---

65 "화석이 변덕스럽다는 것은 누구나 다 알고 있다. 그 뼈들은 당신이 듣고 싶은 노래를 부를 것이다." Shreeve, "Argument over a woman", *Discover*, 11(8):58, 1990

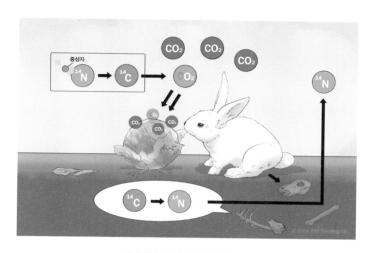

방사성 탄소가 생명체에 유입되고
죽은 후 붕괴에 의해 유출되는 과정

들이다. 진화론으로 매겨진(결정된) 그 석탄들의 연대가 사실이라면 그 어떤 석탄에서도 방사성 동위원소가 발견되어서는 안 된다. 그렇게 긴 시간이 흐르는 동안 식물이 가졌던 방사성 탄소가 모두 질소 가스로 날아가 버렸을 것이기 때문이다.

　하지만 모든 석탄이 방사성 탄소를 가지고 있었다! 더욱 놀라운 사실은 10가지 석탄 모두에서 비슷한 양의 방사성 탄소가 발견되었다. 무엇을 말하는가? 모든 석탄을 구성하는 나무들이 죽은 지 10만 년 이상 되지 않았을 뿐 아니라 고생대, 중생대, 신생대 같은 오랜 지질시대 간격이 실제로는 없었음을 말해 주는 것이다. 석탄층은 모두 비슷한 시기에 묻혔음을 지지한다. 사실 방사성 탄소는 석유와 공룡 뼈는 물론 탄소로만 되어 있는 다이아몬드 등 탄소를 성분으로 갖는 모든 지질학적 시료에서 다량 발견된다.[66] 수십억 년

66　공룡 뼈에서 방사성탄소(C-14)가 또다시 발견되었다!: 수억 수천만 년의 화석 연대와 지질시대가 붕괴되고 있다.
http://www.kacr.or.kr/library/itemview.asp?no=6180

의 지질시대는 사실이 아니라 진화론으로 만들어 낸 허구의 역사임이 분명하다.

지질시대표의 다른 동식물 화석들도 석탄과 같이 노아 홍수 때 만들어진 것임은 더 말할 필요도 없다. 모든 석탄 속에 방사성 탄소가 비슷한 양으로 들어 있다는 사실은 진화론자들에게는 놀라운 일이지만 창조론자들에게는 당연한 일이다. 그 석탄들은 모두 노아 홍수 때 만들어진 것이기 때문이다. 창조 이래 대규모 석탄이 만들어질 수 있는 격변적인 사건은 노아 홍수가 유일하며, 성경에 의하면 노아 홍수는 주전 2350여 년 전에 일어난 사건이다. 석탄은 노아 홍수의 분명한 증거들 중 하나일 뿐이다.

석탄의 방사성 탄소는 노아 홍수 직전의 대기가 지금보다 훨씬 좋았다는 것도 말해 준다. 측정된 석탄의 방사성 탄소의 평균 양은 현재 생명체들이 가지고 있는 방사성 탄소의 0.25%에 불과하다. 이 수치와 방사성 탄소의 반감기가 5730년임을 감안하면, 성경의 노아 홍수가 지금으로부터 약 5000년 전에 발생한 것이 아니라 수만 년 전이었다고 의심할 수 있다. 하지만 조금만 달리 생각하면 이 사실은 약 5000년 전 노아 홍수 당시에는 대기 중의 방사성 탄소가 현재의 200분의 1 수준(0.5%)이었음을 말해 주는 것으로 해석할 수 있다.[67] 대기 중의 방사성 탄소는 지구 대기권에 침투하는 우주선(cosmic rays)과 질소 원자가 충돌할 때 생성되는 것으로 알려져 있다. 그러므로 홍수 전에 방사성 탄소 농도가 극히 낮았다는 것은 지구에 도달하는 고에너지의 해로운 우주선이 대기권에서 훨씬 차단되었음을 의미한다.

---

67 방사성 탄소는 지구에 유입되는 우주선에 의해 생성된다고 알려져 있다. 방사성 탄소의 반감기는 5730년이다. 석탄은 약 4350년 전 노아 홍수 때 만들어졌으므로 약 1번의 반감기가 지난 것으로 볼 수 있다. 석탄이 함유하고 있는 방사성 탄소 비율은 현재 공기 중의 400분의 1 수준으로 측정된다. 현재의 대기와 당시 대기의 방사성 탄소 비율이 같다고 가정할 경우, 반감기가 5-6번 반복되었다고 결론을 내릴 수 있다. 그러나 당시 대기에 방사성 탄소 비율이 현재의 약 200분의 1 수준이었다고 볼 경우, 지금보다 훨씬 해로운 우주선의 유입이 적은 환경이었다고 이해할 수 있다.

석탄 매장량은 노아 홍수 직전 지구상에 나무가 상상을 초월할 정도로 많았음을 알려 준다. 석탄 매장량은 어마어마하다. 실험실에서 석탄을 만들어 보면 온도와 압력에 따라 큰 차이를 보이지만 석탄 재료의 30-40%가 석탄이 된다. 이 결과를 토대로 전 세계에 존재하는 석탄의 양에 적용하면 석탄이 만들어질 당시 나무의 양을 예측해 볼 수 있다. 현재 지구상에 존재하는 나무로는 매장된 석탄의 1% 정도만 만들 수 있다. 즉 노아 홍수 직전에는 지금보다 나무가 100배나 많았다는 것을 의미한다.

석유는 동물질에서, 석탄은 식물질에서 기원했다는 말을 자주 듣는다. 그러나 많은 과학자들은 석유나 석탄이나 식물성이라고 생각한다. 다만 그 재료들이 처한 환경의 차이가 석유 혹은 석탄이 되게 했을 것으로 믿는다. 실제로 석탄을 액화하여 석유를 만드는 산업이 있는데 이를 석탄 액화 공업이라 부른다. 양의 차이가 있을 뿐 석탄이 발견되지 않는 나라는 거의 없다. 석탄과 석유는 식물성 화석으로 전 지구적인 노아 홍수가 있기 전에 세상에 얼마나 많은 식물이 번성했는지를 짐작하게 한다. 석탄을 보아도 처음이 좋았다!

5. 공룡 화석

공룡 화석들도 4500여 년 전의 노아 홍수를 말해 준다. 공룡 화석은 대부분 부서진 조각으로 발견된다. 물고기 화석이나 조개 화석은 살아 있을 때 매몰된 생생한 모습인데 공룡 화석은 왜 부서져 있을까? 진화론으로 이를 설명하는 것은 쉽지 않다. 그러나 노아 홍수를 가정하면 간단하다. 물고기와 조개는 물 밑에서 살아 있는 상태에서 매몰되었고, 공룡은 물에 빠져 익사한 상태에서 물 위에 떠다니다가 썩고 몸이 부서진 다음에 매몰되었기 때문이다. 나무의 목질부는 물 위에 떠 있기 때문에 석탄의 주성분이 나무껍질인 이유와 비슷한 것이다.

영국 런던의 임페리얼칼리지의 과학자들이 유명 과학지인 〈네이처 커뮤니케이션즈(Nature Communications)〉에 박물관에 전시되어 있던 공룡 뼈들에서 콜라겐과 혈구 그리고 부드러운 조직들이 발견되었다고 보고했다.[68] 사실 이런 보고는 1993년부터 계속 이어져 왔기 때문에 진화론자들에게는 불편한 보고이지만 창조론자들에게는 그리 흥분할 기사도 아니다. 하지만 이 연구는 여러 가지 전자 현미경 기법들, X-선 분광법, 질량분석기 등 첨단의 도구들을 사용하여 얻은 데이터들이라 더욱 신빙성이 있다.

부드러운 생체 조직들은 최적의 조건에서도 400만 년 이상 견딜 수 없을 것이란 것이 과학자들의 실험에 의한 예측이다. 그런데 이번 보고서는 7500만 년 동안 방치된 뼈에서 그런 생체 조직과 성분이 발견되었다는 것이다. 진화론의 7500만 년이 진실일까? 과학자들의 실험 예측이 진실에 가까울까? 공룡의 뼈를 방사성 탄소로 연대 측정을 해보면 되지 않을까? 그러나 진화론을 신봉하는 사람들은 누구도 감히 이 제안을 하지 못한다.

2012년 싱가포르에서 개최된 미국지구물리학회(AGU)와 아시아 오세아니아 지구과학회(AOGS)의 공동 학회에서 미국 알래스카, 텍사스 그리고 중국에서 발견된 공룡 8마리에서 얻은 샘플들을 연대 측정한 결과가 보고되었다. 물론 모든 샘플들에서 방사성 탄소가 발견되었으며 그 방사성 탄소의 양을 근거로 환산한 연대는 2만 2000-3만 9000 년으로 나왔다. 공룡이 6500만 년 전에 멸종되었다는 진화론적인 설명은 이제 과학 앞에 설 수가 없다.

---

68 Bertazzo, S., Maidment, S., Kallepitis, C. et al. "Fibres and cellular structures preserved in 75-million-year-old dinosaur specimens". *Nat Commun 6*, 7352 (2015)

그러나 이 학회는 이 연구 발표 초록을 아무 설명도 없이 아무도 볼 수 없게 지워 버렸다. 진화론에 맞지 않은 것이 그 이유였음은 말할 것도 없다.[69] 그러나 이 연구 내용 발표 전체가 고스란히 유튜브에 올라와 있다.[70] 이 사건은 과학계에서 진화론 검열이 얼마나 심각한 상황인지를 단적으로 보여 준다. 이는 교육계에서도 마찬가지다. 같은 이유로 교과서는 진화론만 소개하고 있다.

공룡 화석 외에도 진화론으로 3억 4천만 년 전 고생대에 살았던 바다나리 화석에서 지금 살고 있는 바다나리 색소인 방향족 퀴논이 발견되었다. 이밖에도 공룡, 수룡, 도마뱀, 오징어, 전갈, 시조새 화석들에서도 콜라겐, 헤모글로빈, 케라틴(keratin), 엘라스틴(elastin), 멜라닌 등의 단백질, DNA, 키틴 등의 생체 물질들이 발견되었다는 보고서들이 쏟아져 나오고 있다. 이 사실들은 연대 측정도 하지 않고 부여한 수백만 년 혹은 수억 년의 진화론 나이와는 크게 상충되는 것이다.

만약 진화론적인 연대가 사실이라면 화석에 생체 물질이 존재해서는 안된다. 공룡의 방사성 탄소 연대 측정 결과들과 화석 속 생체 성분 등 모든 과학적 데이터들은 불과 수천 년 전의 노아 홍수로만 논리적인 설명이 가능하다. 성경의 전 지구적 홍수에 근거한 모델에는 그 모든 증거들이 부합한다.

---

69 http://newgeology.us/presentation48.html (Carbon-14-dated dinosaur bones are less than 40,000 years old)
70 https://www.youtube.com/watch?v=QbdH3l1UjPQ (Carbon-14 dated dinosaur bones – under 40,000 years old)

공룡이 새로 진화했다?

공룡이 새로 진화했다는 이론이 힘을 얻자 최근에 발견되는 공룡들 중에는 예전에 없던 깃털 달린 공룡들이 쏟아지고 있다. 하지만 이것들은 공룡의 힘줄 아니면 완전한 새의 화석들일 것이다. 혹 깃털(feather)이나 털(hair)이 있는 전혀 새로운 공룡 혹은 동물 화석이 발견된다 해도 그것은 진화의 작품이 아니라 창조된 종류일 뿐이다. 창조의 가장 중요한 속성은 생명체의 각 기관들이 처음부터 완전한 기능을 한다는 것이다. 반대로 진화의 증거가 되려면 아직 완전한 기능을 하지 못하는 기관(가령 완전하지 않은 깃털)을 가진 중간 모습이어야 한다. 이런 중간 모습은 있었다 할지라도 자연선택에 취약하여 진화가 아닌 멸종되기 십상이다.

그런데 몸체의 일부분만 발견되는 화석을 통해서는 어떤 기관의 기능이 완전한지의 여부를 알아내기가 무척 어렵기 때문에 화석을 진화의 증거로 제시하기는 쉽지 않다. 진화는 그 이론의 특성상 완전한 형태의 생물보다 중간적인 형태를 가진 과도기적 생물체를 훨씬 많이 거쳐야 한다. 그러나 아직까지 그런 연속적인 진화의 과정을 보여 준 화석은 없다. 더욱이 공룡의 탄소 연대 측정 결과나 공룡 뼈 속의 생체 물질들 그리고 공룡이 발견되는 지층의 빠른 형성 등은 진화가 일어나는 데 요구되는 충분한 시간을 부정하는 증거들이다. 따라서 공룡이 새로 진화했다는 주장은 전혀 근거가 없다.

격변과 방주 3

방주에서 나온 생물들

1. 사람을 두려워하는 생물들

방주에 종류대로 한 쌍씩 혹은 7마리씩 들어간 동물들은 드디어 1년 후 방주에서 나왔다. 비록 새로운 세상은 예전만 못하지만 아직도 동물들이 살아가기에는 부족함이 없는 환경이었다. 하나님이 "생육하고 땅에서 번성하리라"고 말씀하신 것으로 보아 그 환경이 생육하고 번성하기에 충분했음에 틀림없다(창 8:17).

방주에서 동물과 사람들이 나올 즈음에는 채소와 풀들은 물론 부러져서 흙에 묻힌 그루터기나 나뭇가지들도 뿌리를 내리고 새싹을 낸 것도 있었다(창 8:11). 홍수가 시작되고 150일까지는 물이 창일하여 온 지구를 덮었다. 이후 현재의 육지가 점점 융기하여 물이 계속 바다로 물러가면서 뭍이 드러나기 시작했다. 온화한 기온 덕분에 땅 위에는 곧 식물들이 자라기 시작했을 것이다. 나무들이 자라는 데는 시간이 좀 걸리겠지만 채소와 풀들은 신속하게 자랄 수 있는 좋은 환경이었다.

노아 홍수 직후는 현재보다 훨씬 더 좋은 환경이었고 방주에서 나온 동물들의 수도 많지 않았기 때문에 그들이 먹고살 풀들은 충분했을 것이다. 자연의 복구 속도는 예상을 훌쩍 뛰어넘는다.

1980년 화산이 폭발한 세인트헬렌산은 20세기 가장 큰 화산 폭발로 기록된다. 당시 폭발 압력으로 주변 침엽수림이 황폐화되었고, 막대한 화산재가 일대를 덮어 모든 동식물을 죽였다. 그런데 과학자들의 예측과는 비교도할 수 없이 생태계가 빠르게 회복되었다. 헬렌산을 계속 관찰해 온 워싱턴대학의 프랭클린 박사는 "마치 달과 같았던 지표에 한 달 후 싹이 돋았고 두 달후에 꽃들이 피어났다"고 말했다.[71]

현재의 먹이사슬에 익숙한 사람들은 방주에서 나온 동물들이 서로 잡아먹지 않았을까 염려할지도 모른다. 방주 안에서는 칸을 막아 보호가 되었지만 방주 밖에서는 누구도 보호해 줄 수 없기 때문이다. 그러나 원래 새와 동물의 먹이는 푸른 풀이었다(창 1장). 타락 후에도 그리고 방주에서 나온 직후에도 이런 초식성은 큰 변화가 없었을 것이다. 노아 홍수 후 하나님이 "땅의모든 짐승과 공중의 모든 새와 땅에 기는 모든 것과 바다의 모든 물고기가너희를 두려워하며 너희를 무서워하리니"라고 말씀하셨다(창 9:2). 사람들에게 육식을 허락하셨기 때문이다(창 9:3). 하지만 노아가 방주에서 나오자마자가축과 동물을 마구 잡아먹지는 않았을 것이고 다른 동물들도 즉시 육식성으로 바뀌지 않았을 것이다. 현재와 같은 먹이사슬로 전환하기까지 상당한시간이 걸렸을 것이다.

환경의 변화도 마찬가지다. 노아 홍수 이후 하나님은 추위와 더위가 쉬지 않을 것이라 말씀하셨지만(창 8:22), 즉시 현재와 같은 추위와 더위가 도래한 것은 아니다. 기후는 바벨탑 사건과 빙하시대 이후부터 빠르게 변해 현재

---

71 "미 세인트헬렌화산 생태계 빠르게 회복", 중앙일보, 2002년 2월 5일 https://www.joongang.co.kr/article/630152

의 환경이 되었을 것으로 생각된다. 노아 홍수 직후가 지금과 같은 환경이었다면 방주에서 나온 공룡을 비롯한 동물들은 곧 멸종하고 말았을 것이다. 홍수 직후부터 빙하시대 이전까지는 지금과는 비교할 수 없이 좋은 환경을 유지하고 있었다는 많은 증거가 있다. 추측건대, 현재와 같은 잔인한 먹이사슬은 빙하시대 이후에 확립되었을 것이다(5장의 '바벨탑 사건의 영향' 참조).

성경에는 지금과 다른 사람과 동물의 관계, 동물과 동물의 관계를 그려 보게 하는 두 세상이 나온다. 하나는 처음 세상이고, 하나는 장차 올 세상이다.

그때에 이리가 어린 양과 함께 살며 표범이 어린 염소와 함께 누우며 송아지와 어린 사자와 살진 짐승이 함께 있어 어린아이에게 끌리며 암소와 곰이 함께 먹으며 그것들의 새끼가 함께 엎드리며 사자가 소처럼 풀을 먹을 것이며 젖 먹는 아이가 독사의 구멍에서 장난하며 젖 뗀 어린아이가 독사의 굴에 손을 넣을 것이라(사 11:6-8).

아담의 타락이 없었다면 에덴도 한동안 이와 같았을 것이다. 그러나 타락과 노아 홍수 그리고 바벨탑 사건 등 인류의 범죄는 사람의 다스림을 받도록 창조된 동물들이 사람을 두려워하고 점점 멀어져 가도록 만들었다.

진화론은 처음부터 죽음과 멸종이 있었고, 적자생존과 같은 적응의 과정을 통해 수백만 종의 생물들이 생겨났다고 가르친다. 하지만 성경은 수많은 생물과 인간은 처음부터 완벽했고 평화로웠는데, 반복된 인류의 범죄로 말미암아 환경이 악화되고 현재와 같은 먹이사슬로 변화되었다고 가르친다.

2. 야생 동물 길들이기

방주에서 나온 동물들은 사람을 두려워하며 멀리멀리 퍼져 나갔지만(창

9:2) 가축은 사람을 떠나지 않고 오히려 따랐다. 하나님은 가축을 처음부터 가축으로 창조하셨고(창 1:25) 노아 홍수 이후에도 그 지위는 달라지지 않았다. 가축 중에 소와 양 등 온순한 동물들은 방주에 7마리씩 태워졌고 방주에서 나온 직후 그중 한 마리는 번제로 여호와께 드려졌다(창 8:20). 현재 우리가 가축으로 키우는 동물들 중 어떤 동물이 처음부터 가축으로 창조된 것인지 특정하기는 어렵다.

진화론의 공통적인 주장은 개, 소, 염소, 양, 돼지, 말, 칠면조[72] 등의 가축들이 원래는 모두 야생이었는데, 신석기 시대부터 '가축화'되었다고 한다. 가축화의 대표적인 동물인 개를 예로 들며 진화론자들은 이 가축화 과정의 핵심을 오랜 시간에 걸친 돌연변이(mutation)의 축적과 진화로 해석한다. 늑대 무리에서 떨어져 나온 한 쌍의 늑대를 사람이 돌보는 과정에서 돌연변이

개 종류 안에서 다양한 변이를 보여 주는 순종개들

---

72 진화론의 정보에 의하면, 약 1만 2000년 전 신석기 시대에 최초로 개를 가축화하였고 이어서 소가 1만 년 전 그리고 염소, 양, 돼지는 약 8천 년 전, 말은 약 3천 년 전에, 칠면조는 16세기 유럽에서 이루어졌다고 한다.

가 일어나 사람에게 유익한 특징이 나오면 살려 두고 그렇지 않으면 도태시켜 버렸다는 것이다. 이 과정이 오랜 기간 계속되면서 현재의 온순한 개가 선택되었을 것이라고 설명한다.

그러나 여우를 길들인 실험에 의하면, 불과 2-3세대 만에 공격성이 약해지며 길들여진 여우가 나타났다.[73] 이 실험 결과는 가축화가 오랜 기간의 돌연변이 축적에 의한 것이 아님을 보여 준다. 가축화는 기존에 존재한 유전정보의 재조합(genetic recombination)과 후성유전 및 돌연변이의 복합적 결과로 갑자기 나타난 변이(variation)다. 개는 불과 4300여 년 전 노아 홍수 후 방주에서 나와 한때 사람에게서 멀어져 간 야생 늑대와 같은 개 종류(kind)를 길들인 것이다. 실제로 현재 약 450가지의 순종 개들은 대부분 이런 인공 선택 과정을 통해 불과 300년 이내에 만들어진 것들이다.

사람이 가축으로 창조된 동물들 외에도 다른 야생 동물을 길들였다는 것은 이상한 일이 아니다. 하나님이 동물을 다스릴 권리와 능력을 사람에게 주셨기 때문이다(창 1:26, 28). 이 과정에서 각 종류 안에서 다양한 특징을 가진 동물들이 생겨난 것이다. 가축화 과정에서는 생식 가능 기간이 길어지거나, 외형이 다양해지거나, 병에 대한 저항성이 약해지기도 하는데, 이런 현상은 소진화(micro-evolution)가 아니다. 이 변화들은 유전정보가 어느 정도 증가해서 생긴 변화가 아니기 때문이다. 유전정보 재조합과 돌연변이 그리고 인공 선택 과정에서는 정보가 손실될 수는 있어도 증가하는 일은 있을 수 없다.

방주에서 나왔으나 사람에게 길들여지지 않은 동물들은 비교적 큰 변화 없이 개체수를 늘리며 온 세상으로 퍼져 나갔을 것이다. 홍수 후 지구는 비어 있었기 때문에 여러 동물들이 널리 퍼져 나갈 충분한 서식지가 있었고 전

---

73 Lyudmila Trut, Irina Oskina, Anastasiya Kharlamova, "Animal evolution during domestication: the domesticated fox as a model", *BioEssays* 31 (3): 349–360(2009)

지구적으로 기후도 온난했기 때문에 번성하는 속도도 빨랐을 것이다. 이 과정은 4장에서 더 다루도록 하겠다.

그러다가 바벨탑 사건 이후 빙하시대를 만나게 되었다. 빙하시대 이후 급격하게 달라진 환경은 동물들의 모습을 빠르게 변화시켜 현재의 다양한 동물들로 자리 잡게 했을 것이다. 이 과정에 대한 설명은 5장에서 다룰 것이다.

Ⅳ. 다시 생육하고 번성하라!

증인의 말씀

요점 1 | 홍수 직후에도 모든 생물이 번성하기에
충분한 환경이었다.

여호와께서 그 향기를 받으시고 그 중심에 이르시되 내가 다시는 사
람으로 말미암아 땅을 저주하지 아니하리니 이는 사람의 마음이 계
획하는 바가 어려서부터 악함이라 내가 전에 행한 것같이 모든 생물
을 다시 멸하지 아니하리니 땅이 있을 동안에는 심음과 거둠과 추위
와 더위와 여름과 겨울과 낮과 밤이 쉬지 아니하리라

| 창세기 8:21-22 |

너는 네 아내와 네 아들들과 네 며느리들과 함께 방주에서 나오고 너
와 함께한 모든 혈육 있는 생물 곧 새와 가축과 땅에 기는 모든 것을
다 이끌어내라 이것들이 땅에서 생육하고 땅에서 번성하리라

| 창세기 8:16-17 |

셈의 족보는 이러하니라 셈은 백 세 곧 홍수 후 이 년에 아르박삿을 낳
았고 아르박삿을 낳은 후에 오백 년을 지내며 자녀를 낳았으며 아르
박삿은 삼십오 세에 셀라를 낳았고 셀라를 낳은 후에 사백삼 년을 지
내며 자녀를 낳았으며 셀라는 삼십 세에 에벨을 낳았고 에벨을 낳은
후에 사백삼 년을 지내며 자녀를 낳았으며 에벨은 삼십사 세에 벨렉
을 낳았고 벨렉을 낳은 후에 사백삼십 년을 지내며 자녀를 낳았으며

| 창세기 11:10-17 |

이에 롯이 눈을 들어 요단 지역을 바라본즉 소알까지 온 땅에 물이 넉
넉하니 여호와께서 소돔과 고모라를 멸하시기 전이었으므로 여호와
의 동산 같고 애굽 땅과 같았더라 | 창세기 13:10 |

이제 소같이 풀을 먹는 베헤못을 볼지어다 내가 너를 지은 것같이 그
것도 지었느니라 그것의 힘은 허리에 있고 그 뚝심은 배의 힘줄에 있
고 그것이 꼬리 치는 것은 백향목이 흔들리는 것 같고 그 넓적다리 힘
줄은 서로 얽혀 있으며 그 뼈는 놋관 같고 그 뼈대는 쇠 막대기 같으
니 그것은 하나님이 만드신 것 중에 으뜸이라

| 욥기 40:15-19 |

1. 습윤사막, 노아 홍수 직후의 환경

아담의 타락으로 저주받은 지구, 거기에 전 지구가 파괴된 노아 홍수의 격변을 경험한 지구에 추위와 더위까지 더해졌다(창 8:22). 그러나 아담 때의 저주와 노아 홍수 심판을 겪은 직후에도 지구의 환경은 오늘날과 같은 한대기후, 열대기후 그리고 사막기후를 가진 열악한 상태가 아니었다. 만약 우리가 홍수 후 20년 정도 흐른 지구로 되돌아간다면 우리는 마치 에덴동산에 온 것으로 착각할 것이다.

노아 홍수 이후의 지구 환경은 현재와 같은 생물 멸종 상황이 아니라 생육하고 번성하기에 충분했다. 창조과학자들은 홍수 직후의 좋은 시대를 습윤사막(wet desert) 시대라고 부른다. 지금은 육지 면적의 약 30%를 사막이 차지하고 있다. 하지만 그때에는 사막에도 충분한 물이 있어 대형 공룡들까지도 살 수 있는 곳이었다. 습윤사막 시대에는 지구 전체가 따뜻하고 충분한 비가 내리는 살기 좋은 환경이었다. 시베리아를 포함한 극지방도 온화하고 다습하여 매머드와 같은 큰 동물이 살아가는 데 전혀 어려움이 없었다. 사람의 수명도 홍수 이전에 비해 대폭 줄기는 했지만 450년은 족히 살 수 있는 환경이었다(창 11:12-17). 이와 같은 사실은 인류와 동식물의 거주 흔적들을 통해 추론할 수 있다.

온화하고 다습한 습윤사막 기후 조건에 노아 홍수 때 바다 밑에서 분출한 용암이 가장 중요한 역할을 했을 것이다. 노아 홍수 후기에 물에 잠긴 대륙이 융기하여 드러남과 동시에 판과 판 사이가 벌어져 현재의 5대양 6대주를 형성하도록 움직였다. 대서양은 지판이 벌어져 깊고 넓은 바다가 되었는데 엄청난 양의 마그마(용암)가 솟아 나와 벌어지는 틈을 메웠다. 그러므로 현재 각 대양의 바닥은 노아 홍수 후기 불과 몇 개월 동안에 분출된 용암이 굳은 현무암으로 되어 있다.[74] 당연히 당시 바닷물의 온도도 엄청나게 올랐을 것이다. 현재 바닷물의 평균 온도는 4℃인데 홍수 직후에는 평균 30℃쯤 되었을 것으로 본다.

지구 표면의 약 70%를 차지하는 바다의 수온이 상승한 결과 모든 육지 대륙은 따뜻한 바닷물의 영향으로 습윤했다. 바다에서 현재보다 훨씬 많은 증발이 있었을 것이고 당연히 더 많은 비가 내렸을 것이다. 현재의 사막 지역에도 많은 양의 비가 내렸을 것이므로 그 당시에는 사막이 있을 수 없었다. 또 따뜻한 대양의 영향으로 극지방을 비롯한 전 지구의 기온은 따뜻했고 일교차나 연교차가 지금보다 훨씬 적은 온화한 상태를 유지했을 것이다. 물론 노아 홍수 이전과 같지는 않았을지라도 현재와는 확연히 다른 기후에서 각종 동물과 식물이 지구 어디에서나 번성했을 것이다.

습윤사막 시대 동식물의 분포 역시 지금과는 전혀 달랐다. 모든 동식물이 지구 어디에서나 살 수 있었고, 실제로 섞여 살았으며, 그러한 흔적을 곳곳에 남겨 두었다. 한대 동식물, 열대 동식물, 혹은 사막 동식물 등이 분리되지 않고 구별 없이 섞여 살던 모습을 과학자들은 부자연스러운 연합체(disharmonious association)라고 부른다. 현재만 보고 있는 일반 과학자들에게는 도무지 이해할 수 없는 현상이라 아직도 수수께끼로 남아 있다.

이제 습윤사막 시대에 부자연스러운 연합체를 이룬 인류와 동물들을 구체적으로 살펴보면서 좋았던 그 시절을 확인해 보자. 이 성경 역사의 흐름을 통해 창조의 아름다움과 완벽함 그리고 하나님의 다함이 없는 사랑도 상상해 볼 수 있을 것이다.

---

74 노아 홍수 기간의 격변적 판운동에 대해서는 맨틀 암석의 실제적인 변형을 고려한 3차원 슈퍼컴퓨터 모델을 이용해 지판의 움직임이 실제로 빠르게 진행되었음을 입증했다. 이 슈퍼컴퓨터 3차원 판구조론 모델링을 개발한 바움가드너(J.R. Baumgardner) 박사는 창조과학자이며, 그의 연구는 세계 최고 수준으로 인정받고 있다(편집자 주).

2. 푸른 사하라와 따뜻한 북극

〈내셔널 지오그래픽〉 2008년 9월 호에 '푸른 사하라(Green Sahara)'라는 제목의 기사가 실린 적이 있다. 낙타도 보이지 않는 사하라 사막에서 시카고 대학 고고학 팀이 집단으로 묻혀 있는 사람들의 뼈를 발견한 것이다. 수백 구의 무덤은 물론 낚시 바늘, 돌 화살촉 등의 유물과 하마, 악어, 거북, 대형 물고기, 조개 등 물가나 물에 사는 동물의 뼈도 다량 발견되었다. 한때 그곳은 '푸른 사하라'였던 것이다.

발굴 팀은 원래 공룡 뼈를 찾아 나선 사람들이었다. 그들은 불과 6주 만에 이빨이 500개나 박힌 초식 공룡 니게르사우루스(Nigersaurus)[75]와 마을버스만 한 악어 공룡 사르코수쿠스(Sarcosuchus) 등 대형 동물들의 뼈를 20톤이나 발견했다. 지금의 사하라 사막이 그리 오래지 않은 과거에는 사막이 아니라 충분한 비가 내리는 곳이었다는 충분한 증거들이다. 그러나 학자들은 언제부터 그리고 왜 비가 오지 않게 되어 사막이 되었는지에 대해 온갖 진화론적인 상상만 할 뿐이다.

사하라에서 발굴된 니게르사우르스

학자들은 그 유물들을 통해 그곳에 살던 사람들이 한 집단이 아니라 두 개의 다른 집단이 차례로 살았다고 추정했다. 처음 집단은 1만-8천 년 전에 그리고 다음 집단은 6500-4500년 전에 살았다고 말이다. 물론 이 진화론적인 추정 연대들은 신뢰할 수 없지만 그들이 아주 최근에 살던 사람들임에는 틀림없다. 인근의 말라 버린 호수 가장 깊은 곳에서는 여러 동물들과 물고기 뼈들 그리고 사람이 사용하던 각종 도구들이 함께 발견되었다. 어느 시점부터 점점 말라 가는 호수로 동물과 사람이 어쩔 수 없이 가까이 모여들던 상황을 그려 볼 수 있다.

그렇다면 그곳에 살던 사람들은 누구일까? 바벨탑 사건 전후에 흩어져 살던 사람들이다. 노아 홍수 직후에는 따뜻한 대양의 온도 때문에 사하라 지역도 예외 없이 따뜻한 습윤사막이었다. 바벨 지역에서 흩어져 이주해 온 사람들이 이곳에 도착했을 때도 여전히 호수가 있고 가끔 비가 내리며 살기 좋은 곳이었을 것이다. 실제로 어느 사막이든지 과거에 그곳에서 살던 사람들과 유물들, 대형 동물들의 유골과 흔적들이 발견되고 있다. 현재의 사막은 가까운 과거에는 사막이 아니었다.

알래스카에서는 화석화되지 않은 공룡 뼈들이 발견되고 있다.[76] 오리주둥이 공룡, 뿔이 있는 공룡 그리고 크고 작은 육식성 공룡들이 화석화되지 않은 신선한 뼈로 발견되는 것이다. 역시 습윤사막 시대와 곧바로 이어진 빙하시대의 유물들이다. 진화 역사가 사실이라면, 약 7천만 년 전 중생대 말기에 멸종한 공룡들의 시체는 250만 년 전 빙하시대가 도래하기 전까지 6750만 년 동안에 완전히 분해되거나 화석화되어야 한다. 왜 빙하시대에 이르기까지 공룡의 뼈가 썩어 없어지거나 화석화되지 않고 신선하게 보존되어 있었는지 진화론자들에게는 수수께끼가 아닐 수 없다.

---

76 https://answersingenesis.org/dinosaurs/bones/fresh-dinosaur-bones-found/

북극에서 가까운 캐나다 액슬하이버그섬(Axel Heiberg Island)에서는 얼어붙은 숲이 발견되었다.[77] 진화론자들은 4500만 년 되었다고 주장하지만, 나무와 나뭇잎 부스러기들이 화석화되지 않고 톱으로 켜고 불에 태울 수 있을 정도로 잘 보존되어 있다. 삼나무로 보이는 수종은 지금 캐나다 남쪽에서도 자라지 못하는 온대성 나무다. 지름이 2m나 되는 나무들은 그곳이 아열대 기후였음을 시사한다. 현재 기후를 기준으로 하면 이해할 수 없는 일이다. 그 숲은 노아 홍수 직후 습윤사막 시대에 형성되었던 것이 분명하다.

푸른 사하라 그리고 알래스카에서 발견되는 싱싱한 공룡 뼈들과 북극지방의 화석화되지 않고 보존된 울창한 숲은 무엇을 말해 주고 있을까? 진화론의 역사로는 설명되지 않는다. 그것들은 약 4500년 전 노아 홍수 이후부터 갑자기 닥친 빙하시대 이전까지 따뜻했던 해수의 영향을 받은 습윤사막 시대를 증언하고 있다.

3. 시베리아의 매머드

매머드(mammoth)는 매우 흥미 있는 멸종 동물이다. 코끼리과 매머드속으로 분류되며 몇 가지 종이 알려져 있다. 그중에 큰 것은 아프리카코끼리보다 1m나 큰데 어깨까지의 높이가 4m나 된다. 멸종 동물들 중 매머드가 비교적 큰 관심을 끄는 또 다른 이유는 살이 전혀 썩지 않았을뿐더러 섭취한 음식이 소화되지도 않은 채 냉동된 상태로 발견되었기 때문이다. 특히 울리(woolly, 털이 있는) 매머드는 디즈니 영화나 멸종 동물 복제 프로젝트 등으로 잘 알려져 있어 많은 관심이 쏠리고 있다.

---

77 주 76과 같음

울리 매머드는 스페인, 프랑스, 독일을 지나 시베리아와 북미까지 굉장히 넓은 지역에서 뼈 혹은 냉동된 채로 발견되었다. 진화론적으로는 4만 년 전부터 멸종하기 시작해서 1만 4000-1만 년 전에 급속하게 멸종되었다고 한다. 하지만 마지막 울리 매머드는 북극해에 있는 랭겔섬(Wrangell Island)에서 4천 년 전까지 생존했다고 한다. 진화론은 1만 년 전에 빙하시대가 끝났다고 하는데 그 이후까지도 매머드가 살아 있었던 것이다. 매머드는 털이 있는 코뿔소, 야생마, 물소(bison) 등과도 함께 살고 있었다.

빙하기 동안의 울리 매머드 분포도

여름 기온이 5℃쯤밖에 되지 않는 북극 지방의 추운 환경에서 매머드가 어떻게 먹고 살았는지는 수수께끼가 아닐 수 없다. 냉동된 채로 발견되는 것도 수수께끼다. 현재 시베리아에서는 몸집이 40-50kg 이상의 대형 초식 동물은 살아갈 수 없다. 따라서 현재 시베리아의 기후와 과거 기후를 동일하게 생각하면 매머드는 수수께끼일 수밖에 없다. 혹자는 매머드가 코끼리와 달리 혹한에서도 살 수 있는 헤모글로빈을 가졌기 때문에 혹한의 시베리아에서 오랫동안 살았을 것이라고 주장한다. 하지만 그 기후에 살아남을 수 있는 능력보다 더 중요한 것이 음식인데 시베리아에는 매머드 떼가 살 수 있을 만큼의 식물이 자라지 않는다. 따라서 매머드는 여전히 수수께끼로 남아 있다.

그러나 노아 홍수 직후의 습윤사막(wet desert)과 부자연스러운 연합체(disharmonious association)를 생각한다면 수수께끼가 아니라 당연한 현상이다. 현재의 시베리아는 매머드가 생존할 수 없는 환경이다. 그러나 남겨진 화석들과 화석화되지 않고 남은 사체들에 의하면, 거기에 수백만 마리의 매머드들이 살았다. 노아 홍수 직후의 습윤사막이라면 이 수백만의 매머드가 살 만한 환경이다. 노아 홍수 직후의 높은 대양 온도는 시베리아에도 충분한 비와 따뜻한 기후를 제공하여 모든 동식물이 살아갈 수 있었다. 이것이 시베리아에 매머드들이 번성할 수 있었던 이유다.

방주에서 나온 두 마리의 매머드들은 습윤사막 조건의 풍부한 먹이와 따뜻한 기후를 누리며 번성하여 유럽과 시베리아에까지 퍼져 살게 되었다. 그 후 빙하시대에 해수면이 낮아지자 베링해를 건너 알래스카와 캐나다 그리고 미국 남부에까지 퍼져 살게 되었다. 노아 홍수의 심판에도 불구하고 하나님은 여전히 사람과 동물이 생육하여 번성하고 행복하게 살기를 원하신 것이다.

4. 북극의 놀라운 생존 이야기

〈사이언스(science)〉 신년호 표지에 코뿔소(Wooly rhinoceros)의 코뼈가 사선으로 잘려진 사진이 실린 적이 있다.[78] 이 잡지의 뉴스 포커스에는 해당 논문과 '북극 시베리아의 놀라운 생존 이야기'란 제목의 리뷰 기사가 실렸다.

고고학자들은 북위 72도의 북극 근처 시베리아 지역(Yana River)에서 다양한 도구와 부싯돌 같은 물건, 희귀한 짐승의 뿔, 나뭇가지, 썩은 유기물 등을 발견했다. 그 유기물에 대하여 방사성 탄소 연대 측정을 한 결과 3천 년에서 45000년경이 나왔지만 발표는 대부분 3만 년경이라 했고, 따라서 그곳 사람들은 3만 년 전에 살던 구석기인으로 추정했다. 그런데 진화론에 의하면, 3만 년 전은 마지막 빙하기의 정점이다. 그렇다면 그 지역의 구석기인들은, 현대인들도 살지 못하는 그곳에서 빙하기의 혹한을 이기고 살았다는 얘기가 된다. 진화론의 패러다임으로는 쉽게 설명이 되지 않는 수수께끼다.

이 수수께끼를 풀려면 진짜 지구 역사를 알아야 하고 방사성 탄소 연대 측정법에 대한 지식이 있어야 한다. 방사성 탄소 연대 측정법으로 코뿔소 뼈의 연대를 측정하려면 먼저 초기 조건을 알아야 한다. 즉 코뿔소가 살아 있을 때 대기 중의 방사성 탄소와 일반 탄소의 비율을 정확히 알고 있어야 죽은 다음 얼마나 시간이 흘렀는지 계산할 수 있다. 그러나 과학자들은 코뿔소가 죽은 당시의 대기 중 방사성 탄소 비율을 알아낼 방법이 없다.

이 문제를 해결하기 위해 과학자들은 현재 대기 중의 방사성 탄소 비율을 코뿔소가 죽었을 당시의 비율로 가정을 한다. 그러나 이 가정이 옳은지는 확인할 방법이 없다. 더욱이 공기 중의 방사성 탄소 비율은 꾸준히 상승하고 있다. 그러므로 코뿔소 뼈의 방사성 탄소 양을 아무리 정확히 측정했다 해도 2만 7000년 전이란 계산은 믿을 수가 없다. 이 연대와 진화론에 입각한 빙하시대는 그 구석기인들이 살던 실제 상황과 일치하지 않기 때문에 고고학자들에겐 수수께끼일 수밖에 없는 것이다.

---

78 Pitulko et. al, "The Yana RHS Site: Humans in the Arctic Before the Last Glacial Maximum", *Science 2* January 2004: 52-56

하지만 성경 역사로는 수수께끼가 풀린다. 앞에서 전 지구적인 격변인 노아 홍수 말기에 지판 이동으로 생긴 바다에는 용암이 솟아 나와 바다 바닥을 형성하였고 해수 온도를 크게 상승시켰다고 설명했다. 그 결과 온 지구가 비가 많이 내리고 따뜻한 기후를 가진 습윤사막 시대가 되었다. 방주에서 살아남은 동물들은 다시 생육하고 번성하여 지구 곳곳으로 퍼져 나갈 수 있었다. 방주에서 나온 사람들도 지구 어디로나 이동할 수 있었다.

그렇다면 북극 근처 야나강가의 구석기인들은 누구일까? 바벨탑 사건으로 방주가 정박한 곳에서 가까운 메소포타미아 지역을 떠나게 된 사람들은 각 대륙으로 이동해 갔을 것이다. 이들 중에는 앞서 소개한 푸른 사하라 지역으로 이동한 사람도 있었고 북극 야나강가에 이른 사람도 있었다. 그들이 사하라 지역이나 북극 야나강 지역으로 간 것은 사막 지역이나 추운 곳에서 살아남을 특별한 능력이나 기술이 있어서가 아니었다. 바벨탑 사건 직후에도 여전히 습윤사막 시대였으므로 지구 어디든지 사람이 살기에 좋은 환경이었던 것이다.

성경에도 공룡이 나온다. 성경은 땅에 기는 동물인 공룡과 사람이 같은 날 창조되었다고 분명하게 말하고 있으므로 성경에도 공룡에 대한 기록이 있을 가능성이 있다. 그 대표적인 경우가 욥기에 나오는 베헤못과 리워야단이다.

'무서운 도마뱀' 혹은 '굉장한 도마뱀'이란 뜻을 가진 '공룡(dinosaur)'이라는 단어는 1842년부터 사용되기 시작했다. 그 이전에 기록된 성경과 고전 문헌들에서는 '공룡'이란 단어를 발견할 수 없다. 따라서 동물 묘사에 주의를 기울여 판단해야 한다. 하나님이 욥에게 자기의 창조물을 설명하시며 "베헤못을 보라"고 명령하셨는데, 이 베헤못은 소처럼 풀을 먹고, 꼬리를 치면 백향목이 흔들리는 것 같으며, 뼈는 놋관 같고 다리뼈는 쇠막대기 같고, 하나님의 창조물 중에 으뜸이었다(욥 40:15-24).

욥과 베헤못 상상도

초식 공룡으로 보이는 대형 짐승이 욥과 함께 살았던 것이다. 또 욥기 41장에는 수룡으로 보이는 리워야단이 한 장 전체에 소개되어 있다. 그 묘사를 살펴보건대, 욥기에 소개된 베헤못은 초식 공룡이고 리워야단은 물에 사는 수룡임에 틀림없다.

구약성경에는 공룡으로 보이는 동물들의 이름(히브리어로 탄닌, 탄님, 타노스 등)이 나온다. 하지만 지금은 멸종되어 볼 수 없기에 현재 살고 있는 동물들의 이름으로 번역되었다. 큰 물고기, 하마, 시랑, 악어, 용, 뱀 등이 그 예다. 중요한 점은 이 동물들이 사람과 같은 시대에 살았다는 사실이다.

공룡 역사의 큰 그림은 성경을 통해 가장 잘 이해할 수 있다. 창조 6일째 아담과 함께 초식 공룡으로 창조되어 번성하였고, 노아 홍수 때 방주에 타지 않은 공룡들은 다 죽었으며, 일부가 화석 혹은 화석화되지 않은 뼈로 남겨졌다. 방주에서 나온 각 종류의 공룡들은 다시 지구 곳곳에 번성하며 살게 되었다. 그리고 바벨탑 사건 이후 세계 각지로 흩어진 사람들에게 발견된 그 공룡들은 그림이나 조각 혹은 전설로 남게 되었다. 번성하던 공룡들은 다른 거대 동물들과 마찬가지로 빙하시대가 끝날 무렵부터 급격하게 악화된 환경에서 살아남지 못하고 예민한 종류부터 개체수가 감소하다가 차례대로 멸종되어 갔다.

V. 바벨탑 사건의 영향

증인의말씀

요점 1 | 언어 혼잡으로 인류가 나뉘어
민족과 국가, 문화 등이 형성되었다.

그러므로 그 이름을 바벨이라 하니 이는 여호와께서 거기서 온 땅의
언어를 혼잡하게 하셨음이니라 여호와께서 거기서 그들을 온 지면에
흩으셨더라 | 창세기 11:9 |

이들로부터 여러 나라 백성으로 나뉘어서 각기 언어와 종족과 나라
대로 바닷가의 땅에 머물렀더라 | 창세기 10:5 |

이들은 함의 자손이라 각기 족속(families)과 언어와 지방과 나라대로
였더라 | 창세기 10:20 |

이들은 셈의 자손이니 그 족속(families)과 언어와 지방과 나라대로였더
라 이들은 그 백성들의 족보에 따르면 노아 자손의 족속(families)들이
요 홍수 후에 이들에게서 그 땅의 백성들이 나뉘었더라
| 창세기 10:31-32 |

인류의 모든 족속을 한 혈통으로 만드사 온 땅에 살게 하시고 그들의
연대를 정하시며 거주의 경계를 한정하셨으니 | 사도행전 17:26 |

요점 2 | 욥기와 빙하시대 그리고 바벨탑 사건은 긴밀한 관계를 가지고 있다.

얼음이 녹으면 물이 검어지며 눈이 그 속에 감추어질지라도 따뜻하면 마르고 더우면 그 자리에서 아주 없어지나니 |욥기 6:16-17|

가뭄과 더위가 눈 녹은 물을 곧 빼앗나니… |욥기 24:19|

그 후에 욥이 백사십 년을 살며 아들과 손자 사 대를 보았고 욥이 늙어 나이가 차서 죽었더라 |욥기 42:16-17|

요점 3 | 바벨탑 사건 이후 급격히 그리고 계속해서

환경이 악화되었다.

벨렉은 삼십 세에 르우를 낳았고 르우를 낳은 후에 이백구 년을 지내며 자녀를 낳았으며 르우는 삼십이 세에 스룩을 낳았고 스룩을 낳은 후에 이백칠 년을 지내며 자녀를 낳았으며 스룩은 삼십 세에 나홀을 낳았고 나홀을 낳은 후에 이백 년을 지내며 자녀를 낳았으며 나홀은 이십구 세에 데라를 낳았고 데라를 낳은 후에 백십구 년을 지내며 자녀를 낳았으며 | 창세기 11:18-25 |

우리의 연수가 칠십이요 강건하면 팔십이라도 그 연수의 자랑은 수고와 슬픔뿐이요 신속히 가니 우리가 날아가나이다 | 시편 90:10 |

피조물이 고대하는 바는 하나님의 아들들이 나타나는 것이니 피조물이 허무한 데 굴복하는 것은 자기 뜻이 아니요 오직 굴복하게 하시는 이로 말미암음이라 그 바라는 것은 피조물도 썩어짐의 종 노릇 한 데서 해방되어 하나님의 자녀들의 영광의 자유에 이르는 것이니라 피조물이 다 이제까지 함께 탄식하며 함께 고통을 겪고 있는 것을 우리가 아느니라 |로마서 8:19-22|

1. 진화론의 수수께끼, 빙하시대

빙하시대는 진화론 과학자들에겐 풀릴 수 없는 수수께끼다. 과학적이고 논리적인 설명이 불가능하기 때문에 어떤 빙하시대 전문가는 빙하시대가 마치 공상과학에나 나오는 시대 같다고 했다. 빙하시대는 온 지구가 꽁꽁 얼어붙은 시대가 아니었다. 다만 육지의 약 30%가 1000m 정도 두께의 눈으로 뒤덮인 시대를 말한다. 빙하시대에도 눈이 내리지 않고 땅이 얼지 않은 곳이 많았다는 것을 기억해야 한다.

넓은 지역에 많은 눈이 내린 빙하시대가 되려면 두 가지 조건을 동시에 만족해야 한다. 첫째는 눈이 내릴 만큼의 낮은 기온이 필요하다. 극지방과 같이 아주 추운 기온이 아니라 단지 눈이 내려서 녹지 않을 정도면 충분하다. 이런 기온은 겨울이 아니어도 가능한데, 초대형 화산이 폭발해 수년 동안 화산재를 분출했을 경우 여름에도 차가운 기온을 유지할 수 있다. 실제로 빙하 지역 근처에는 기록된 어느 화산보다도 훨씬 더 큰 화산들이 존재한다.

둘째는 따뜻한 바닷물이다. 수백 미터 두께로 쌓일 정도로 눈이 내리려면 바다밖에는 그 수증기를 공급할 수 없다. 진화론 과학자들이 결코 설명할 수 없는 문제가 바로 충분한 수증기를 공급할 수 있는 따뜻한 바다다. 현재의 바닷물 온도(4℃)로는 육지의 30%에 수백 미터의 눈이 오게 할 수 없다. 현재로서는 추운 기온이면서 동시에 따뜻한 바다를 상상할 수 없기 때문에 진화론자들은 막연하게 천문학적 주기이론 등으로 설명을 시도한다. 천문학적 주기이론으로 낮은 기온을 설명하려면 해수 온도가 함께 내려가기 때문에 많은 눈을 내리게 할 수 없다. 이 까다로운 조건 때문에 빙하시대는 지구 역사에서 단 한 번뿐이었으며 다시 반복될 수 없는 사건이었다.

성경 역사인 노아 홍수만이 빙하시대의 따뜻한 바닷물을 설명할 수 있다. 현재 대양 바닥은 용암이 굳은 현무암으로 덮여 있다. 이 용암은 모두 노아 홍수 후기 대륙 지판이 나뉠 때 분출된 것으로, 불과 몇 달 만에 지금의 오대양 바닥을 덮을 만큼 엄청난 양의 용암이 솟아 나왔다. 따라서 당시에는 바닷물 온도가 지금과 비교할 수 없이 높을 수밖에 없다. 이 따뜻한 바닷물은 많은 양의 물을 증발시켜 습윤사막(wet desert)을 이루었고 온 지구를 따뜻하게 하여 동식물이 어디에서나 생육하고 번성하기 좋은 환경을 제공했다.

초대형 화산이 분출하여 생긴 화산재가 햇빛을 차단하여 폭설이 내렸다

　　빙하시대에 수백 미터의 눈이 내린 빙하 지역은 극지방이 아니라 근처에 초대형 화산이 있던 곳이다. 엄청난 양의 해수가 증발되는 상황에서 화산이 폭발해 막대한 양의 화산재를 뿜어내자 햇빛이 가려진 곳에서는 급격히 기온이 떨어져 넓은 지역에 폭설이 내리게 된 것이다. 이 기간이 정확히 얼

마나 되었는지는 알 수 없지만, 과학자들은 현재 남아 있는 빙하와 빙하지형 등을 통해 700-1200m 두께의 눈이 내렸을 것으로 추측한다. 계속되는 증발은 바닷물을 점점 식게 했을 것이고 쌓인 눈은 얼음(빙하, glacier)으로 변하게 되었다.

그 후 화산재 분출이 그치자 햇빛이 지표로 직접 들어와 기온은 올라가고 빙하는 순식간에 녹아 바다로 흘러들었고 이에 따라 바닷물 온도는 급격하게 떨어졌다. 이제 지구는 더 이상 습윤사막 시대가 아니다. 아주 추운 곳에서부터 아주 더운 곳까지 위도별 기온 격차가 심해졌고, 위도 20-30도 지역을 중심으로 사막화가 빠르게 진행되었다. 이렇게 변화된 새로운 환경은 생물들에게 엄청난 스트레스를 주었는데 그 이야기는 다음에 계속된다.

그럼, 빙하시대는 왜 왔을까? 두 가지 추측이 가능한데, 하나는 노아 홍수(주전 2350년경) 이후 아직 안정되지 않은 지판들이 움직이며 초대형 화산들이 터진 것이다. 그러나 이 추측은 홍수 후 하나님이 '생육하고 번성하라'고 명령하시고는 화산을 터뜨려 빙하시대가 오게 한 셈이 되니 하나님의 속성에 부합하지 않는다. 다른 하나는 사람들의 반역 사건인 바벨탑 사건(주전 2250년경) 때문에 사람들을 지구 구석구석으로 흩기 위한 방법으로 빙하시대를 사용하셨다는 것이다.

빙하시대에는 엄청난 양의 바닷물이 증발되어 육지에 눈으로 쌓였으므로, 대륙붕들이 드러나고 대륙들이 연결되어 사람과 동물이 신대륙으로 이동하는 것을 도울 수 있었다. 노아 홍수 직후의 해수면은 현재의 해수면보다 65m나 더 높았기 때문에 아메리카 대륙이나 오세아니아 대륙 등으로 이동하기가 쉽지 않았을 것이다.[79] 하지만 빙하시대에는 해수면이 120m나 내려

---

79 현존하는 빙하가 다 녹게 되면 해수면이 65m 이상 오르게 될 것이라고 한다. 지구에 존재하는 물의 양은 변하지 않으므로 빙하가 전혀 없던 노아 홍수 직후에는 현재보다 해수면이 65m 이상 높았을 것이다.

가 대륙붕이 드러났기 때문에 온 대륙이 하나로 연결되었다. 이 기간에 사람과 동물들이 경험해 보지 못한 기후변화 속에서 더 나은 거주지를 찾아 멀리 이동했을 것이며, 대륙붕을 통해 쉽게 신대륙으로 이동했을 것이다. 이 기간에도 바닷물은 여전히 따뜻했기 때문에 알래스카 지역의 베링해 지역을 통과하는 데도 별 어려움이 없었을 것이다.

　이제 습윤사막 시대를 지나 빙하시대를 맞게 된 생물들의 형편을 살펴보기로 하자. 노아 홍수가 창조 이후 최대의 물리적 격변이었다면, 빙하시대는 창조와 타락 사건 이후 최대의 생물학적인 격변이었을 것이다.

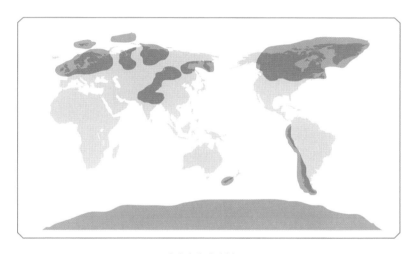

빙하시대 빙하 분포도

2. 빙하시대, 생물학적인 최대 격변기

　빙하시대가 시작되고 끝날 때까지 아마도 몇 백 년 동안은 생물들에게 최대의 격변기였을 것이다. 아담의 타락으로 인한 저주 사건에서도 생물들이 멸종에 이르지는 않았다. 지구 최대의 격변인 노아 홍수 때도 생물들은 창조된 종류대로 보존되었다. 하지만 빙하시대 이후 지구는 계속되는 멸종을 경험하고 있다. 빙하시대는 멸종만 가져온 것이 아니다. 폭발적인 변이 현상으로 같은 종류 안에서도 서로 교배가 되지 않는 신종이 수없이 나타나게 되었다.

진화론 역사는 죽음의 역사다. 지질시대표를 보면 한 종은 없어지고(멸종) 새로운 종이 생겼다가 또 없어지는 역사가 계속된다. 특별히 수많은 종이 멸종한 대멸종 사건이 있을 때는 한 지질시대가 끝나고 새로운 지질시대로 접어들었다고 말한다. 멸종의 근거는 아래 지층에 있던 화석이 위 지층에서 전혀 나타나지 않는 것이다. (그러나 아래 지층과 위 지층의 화석 종류들이 갑자기 바뀌는 이유는 노아 홍수 때 물과 흙이 운반되는 방향과 서식지에 따라 거기 묻힌 생명체들이 달라져서 생겨난 현상일 뿐이다. 수많은 살아 있는 화석들이 이 사실을 잘 말해 주고 있다.)

진화론에서는 대량 멸종 사건이 새로운 지질시대를 결정하기 때문에 중요한 사건이지만 멸종의 원인은 언제나 수수께끼다. 진화론에서 말하는 대량 멸종 사건은 5회 있었는데 순서적으로 보면 아래와 같다.

지질 시대	추정연대(단위:년)	멸종 현황
중생대 백악기(K-T)	6600만	75%의 종이 멸종
중생대 트라이아스기	1억 8000만	48%의 속이 멸종
고생대 페름기	2억 5000만	최대 멸종 사건, 속의 83%가 멸종
고생대 데본기	3억 7000만	70%의 종(species)이 멸종
고생대 오르도비스기	4억 5000만	57%의 속(genus)이 멸종

각 멸종 사건의 규모를 보면 당시에 살고 있던 생물들의 종 혹은 속의 절반 이상이 멸종되었다. 그러나 앞서 설명한 것처럼 이 모든 현상은 노아 홍

수 때 매몰된 화석들을 진화론적으로 잘못 설명한 것이다. 이때 수없이 많은 동물이 죽은 것은 사실이지만 어느 한 종류도 멸종되지는 않았다. 진짜 멸종은 과학자들이 홀로세 멸종(Holocene extinction) 혹은 제4기 멸종 사건이라고 부르는 빙하시대 이후에 발생했다.

진화론에서 홀로세(1만 년 전부터 현재까지) 멸종은 빙하시대 이후부터 현재까지도 진행되고 있는 멸종으로 사람의 역할을 강조하여 제6의 멸종이라고도 부른다. 포유류, 조류, 파충류, 양서류, 원숭이류 등이 포함된 수많은 과(Family) 수준의 동식물이 멸종되었다. 이 기간에는 매머드, 검치호랑이, 아메리칸 마스토돈 등 특별히 몸집이 큰 동물들의 멸종이 많았다. 빙하시대 이후 북아메리카에서는 33속 133종의 대형 동물(45kg 이상)과 22속의 조류가 멸종했고, 호주와 남아메리카에서는 167종의 대형 동물이 동시에 사라졌다고 한다.

빙하시대 이후 멸종한 거대 동물들
(위) 검치호랑이 / 파라케라테리움
(아래) 자이언트 그라운드 슬롯 / 아이리시 엘크 / 울리 매머드

그러나 이런 대규모 멸종 사건이 최근에 일어났음에도 불구하고 과학자들은 아직도 원인을 설명하지 못한다.[80] 기후변화가 원인일 것이다, 혹은 사람들이 남획하거나 환경을 파괴해서 그럴 것이다, 혹은 전염병이 돌았을 것이다 등으로 설명하지만 모두 만족할 만한 설명이 아니다.

성경 역사를 통하면 진화론자들이 말하는 홀로세 멸종도 쉽게 설명할 수 있다. 빙하시대는 불과 200-500년간 지속되었고 넓은 지역이기는 하지만 전 지구적인 현상은 아니었다. 더욱이 빙하시대 이전은 온 지구가 따뜻한 습윤사막 시대였으므로 모든 종류의 동식물이 생육하고 번성할 수 있는 조건이었다. 심지어 멸종은 빙하시대가 아닌 해빙기부터 급격하게 발생했다. 예를 들면, 시베리아 북부는 북극에 가깝지만 빙하가 없었기 때문에 빙하시대에도 아직까지 따뜻한 바닷물의 영향으로 사람과 매머드가 계속 살고 있었다. 그러나 빙하시대가 끝나자 바닷물 온도가 현재 수준으로 급랭하여 대부분의 동식물이 살 수 없는 동토가 되어 버렸다. 해빙기 이래로 지구의 기후와 환경이 갑자기 상상할 수 없을 정도로 악화된 것이다. 환경은 그 후에도 계속 악화되고 있는데 이것이 지금도 계속되는 멸종의 주 원인이다.

진화론을 믿는 학자들은 빙하시대를 250만 년 동안 10만 년마다 반복적으로 발생한 전 지구적인 사건이라고 본다. 그런데 이 주장에 따르면, 오랜 세월 반복된 빙하기에도 생존에 성공한 생물이 왜 마지막 빙하시대 이후로 대량 멸종되었는지를 설명할 수 없다. 실제 역사는 동식물이 노아 홍수 이후부터 빙하시대 이전까지도 습윤사막 시대에 번성했으며, 빙하시대가 끝나자 두드러지게 멸종한 것이다.

빙하시대 이후 또 다른 생물학적인 격변은 종분화(speciation)다. 종분화란 한 종(species) 내에서 서로 교배할 수 없거나 교배하지 않는 새로운 집단

---

80 http://www.museum.state.il.us/exhibits/larson/LP_extinction.html

즉 새로운 종이 생겨나는 현상이다. 창조 때부터 빙하시대 이전인 습윤사막 시대까지는 이런 종분화 현상이 일어나기 무척 어려웠다. 그렇다면 왜 빙하시대 이후 종분화가 활발해졌을까? 종분화의 원리는 앞서 1장의 '고정된 종류 vs. 무한한 다양성'에서 다루었고, 구체적인 현상은 '사자와 호랑이의 출현'과 '황인, 흑인 그리고 백인'에서 더 다루기로 하겠다.

3. 마지막 공룡

욥은 빙하시대 이전의 습윤사막 시대가 저물고 빙하시대 이후의 새로운 시대로 접어드는 시기에 살았던 것으로 보인다. 초식 공룡으로 보이는 베헤못과 물에 사는 리워야단이 욥의 시대에 살고 있었다. 노아 홍수 후 300여 년 후에 태어난 아브라함과 그의 조카 롯이 살던 시절만 해도 소돔 지역은 물이 넉넉하고 여호와의 동산 같고 애굽 땅과 같았다. 현재 소돔 지역은 매우 건조한 지역인데 빙하시대 이후 비가 줄어들면서 점점 사막화가 진행된 것이라는 앞의 설명에 부합한다.

빙하시대 전후로 기후와 환경의 이 같은 격변은 공룡의 멸종과도 관련 깊다. 공룡도 어떤 한 사건으로 갑자기 멸종한 것이 아니라 빙하시대 이후 계속 악화되는 환경에 적응하지 못해 종류별로 점점 사라진 것이다.

진화론자들은 지금까지 100가지가 넘는 공룡 멸종 이론들을 발표했으나 그 어떤 것도 만족할 만한 대답이 되지 못하고 있다. 이렇게 다양한 주장이 나온다는 것은 그만큼 공룡의 멸종이 설명하기 힘든 수수께끼 같다는 얘기다. 더워서 죽었다, 추워서 죽었다, 건조해서 죽었다, 습해서 죽었다 등 기후와 관련된 주장만 봐도 공룡 멸종 시기의 기후 인식이 서로 얼마나 다른지 알 수 있다.

가장 인기 있는 운석 충돌설도 도마뱀이나 악어, 거북 같은 파충류들은 생존해 있는데 공룡만 멸종된 이유를 설명할 수 없다. 거대 운석이 지구에 충돌하자 마그마가 솟고 화산이 폭발하고 화산재가 태양빛을 가려 빙하시대가 왔다고 상상한다. 그러나 빙하시대는 지구 전체가 꽁꽁 언 시대가 아니라 넓은 지역에 눈이 수백 미터 내린 시대다. 운석이 충돌해 지구가 꽁꽁 얼어도 수백 미터의 눈은 내릴 수 없다. 바닷물도 함께 식어서 더 이상 증발되지 않을 것이기 때문이다. 운석 충돌설은 빙하시대를 오게 한 결정적 조건을 설명할 수 없고, 더불어 공룡의 멸종도 설명할 수 없는 가설이다. 운석 충돌설은 멕시코만에서 발견된 운석 충돌의 증거가 인기를 끌자 이에 영합해서 만들어 낸 가설일 뿐이다.

최근에는 공룡이 멸종하지 않고 새로 진화했다고 주장한다. 그러나 새와 공룡은 그야말로 하늘과 땅 차이다. 하늘을 날아야 하는 새의 호흡 기관과 육지에서 기어다니는 공룡의 호흡 기관은 완전히 다르다. 공룡의 비늘과 새의 깃털은 또 얼마나 다른가? 공룡이 새로 진화했다고 주장하는 진화론자들은 공룡이 새가 되려면 얼마나 많은 새로운 유전정보가 필요할지는 눈감아 버리고 엄청난 기득권(교과서와 매체들)을 이용해 사람들을 세뇌시키려 한다. 진정한 과학에서는 있을 수 없는 일이다.

또 최근에는 깃털 달린 공룡 화석들이 자주 보고된다. 진화론자들은 공룡이 진화하여 새가 되었다는 주장을 뒷받침하기 위해 공룡과 새의 중간 화석이 있다는 것을 보여 주고 싶어 한다. 그래서 처음에는 실 가닥 몇 개 붙은 공룡 화석들을 발표하더니 지금은 그것으로 성이 차지 않는지 아예 명백한 깃털이 달린 화석들을 깃털 달린 공룡이라고 발표하고 있다. 유명한 시조새 화석도 그런 것들 중 하나다. 그러나 결론은 실 가닥처럼 보이는 것은 공룡의 콜라겐들이며 깃털이 달린 것은 완전한 새들일 뿐이다. 대부분 그렇듯이 그 화석들의 진실은 제법 시간이 많이 흘러야 밝혀지게 된다.

공룡은 빙하시대 이후에 종류별로 그리고 지역별로 점점 사라졌다. 따라서 오랫동안 사람들과 함께 살았고 부인할 수 없는 많은 기록들을 남겨 놓았다. 앞에서 언급한 여러 지역의 암각화, 조각, 조소물, 그림, 수많은 기록물, 전 지구적인 전설 등은 사람이 공룡을 보지 않았다면 설명할 수 없는 객관적인 증거들이다. 더욱이 성경에도 공룡임이 분명한 동물들이 소개되어 있다. 아직도 세계 여러 곳에서는 공룡이나 수룡을 보았다는 보고들이 끊이지 않는다. 대부분의 창조과학자들은 공룡이 멸종되었다고 생각하지만 만약 살아 있는 공룡이 발견된다 해도 이상한 일은 아니다.

최근에는 공룡의 멸종 원인으로 사람의 영향을 강조하려는 움직임이 있다. 사람들의 사냥, 인구 증가, 도시 건설, 공해 물질 생산 등이 환경을 파괴하여 동식물의 멸종을 어느 정도 앞당기리라는 생각은 가능하지만, 지구상에서 마지막 한 마리까지 죽거나 죽이는 일은 거의 불가능에 가깝다. 공룡이 멸종할 당시에는 지구에 사람이 그리 많지도 않았고 공해도 심각하지 않았다. 최근의 지구 온난화도 사람의 역할을 크게 강조하는 경향이 있지만 사람의 역할은 미미한 것으로 보인다. 온난화나 공룡의 멸종은 사람에게 달린 것이 아니라 지구를 보존하시는 하나님의 손에 달려 있는 것이다.

공룡은 빙하시대에 급격하게 그리고 이후 점점 악화된 환경 때문에 멸종했다. 모든 생물이 아담의 반역 때문에 저주를 받았듯이 이번에도 바벨탑을 쌓으면서 하나님께 반역한 사람들이 근본 원인을 제공하였음은 말할 필요가 없다.

4. 인류의 조상에서 제외된 사람들

현재 많은 사람의 유전자에는 이들의 유전자가 남아 있고, 현생 인류라고 부르는 호모 사피엔스와 결혼해서 자손을 낳을 수 있었다. 그렇지만 진화론 때문에 억울하게 인류의 조상에서 제외되고 놀림을 받고 있는 사람들이 있다. 바로 빙하시대에 살던 '네안데르탈인'이다.

진화론 고고학자들에 의하면 네안데르탈인은 약 25만 년 전부터 유럽과 중앙아시아, 북아시아 그리고 아프리카 북부에 이르는 넓은 지역에 살았다고 한다. 학자들마다 큰 차이를 보이고 있으나 진화론적인 시간으로는 약 3만 년 전까지 살다가 알 수 없는 이유로 사라졌다고 한다. 그런데 아프리카에서 출발한 현생 인류의 조상들은 6만-5만 년 전에 유럽에 도착했으므로 현대인의 조상과 네안데르탈인은 같은 시각 같은 장소에서 살았어야 한다.[81] 따라서 그들이 어떤 관계에 있었을지 자못 궁금하다.

네안데르탈인과 현생 인류의 관계를 두고 진화론적 입장은 여러 차례 바뀌어 왔다. 처음에는 호모 사피엔스(Homo sapiens)의 아종(Homo sapiens neanderthalensis)으로 취급했다가 다시 현생 인류와 상관없는 독립된 종 호모 네안데르탈렌시스(Homo neanderthalensis)로 바꾸기를 두 번 반복했다. 현재는 문화적인 교류가 없었고, 미토콘드리아의 DNA(mtDNA) 차이가 너무 크다는 이유로 독립된 호모 네안데르탈렌시스라는 지위를 가지고 있다. 그러나 이 분류는 최근의 압도적인 연구 결과들로 다시 호모 사피엔스로 바뀌려는 경향을 보이고 있다.

---

81 네안데르탈인과 현생 인류의 교류 문제는 지속적으로 연구되고 있으며 발표마다 연대의 차이가 크다. 최근 발표에 의하면, 네안데르탈인은 60만 년 전에 아프리카를 떠났고, 현생 인류는 25만 년 전에 아프리카를 떠난 것으로 보고 있으며, 유전자 추적 연구를 통해 약 4만-3만 년 전 사이에 유럽 지역에서 네안데르탈인과 현생 인류의 교류가 있었던 것으로 보고 있다. 앞서 설명한 방사성탄소 연대 측정의 방법적 한계와 큰 오차로 인해 연대값 자체는 그대로 신뢰하기 어렵지만, 분명한 것은 현대인에게 남아 있는 유전자를 통해 네안데르탈인과 호모 사피엔스가 함께 살았으며 자손을 낳았다는 것을 알 수 있다(편집자주).

네안데르탈인은 인류의 조상이었다. 2010년, mtDNA보다 훨씬 양이 많은 핵 DNA(genomic DNA)를 비교한 결과 유럽인과 아시아인의 유전정보 약 1-4%가 네안데르탈인에게서 왔다는 사실이 알려져 충격을 주었다.[82] 더 많은 유럽인과 아시아인들을 조사한 결과 약 20%의 네안데르탈인 유전정보가 현대인들에게 3% 미만씩 나뉘어 들어 있음이 밝혀졌다.[83] 더욱이 현대인과 네안데르탈인의 핵 DNA 차이가 0.12%쯤 되는 것으로 보고되었는데, 현대인의 개인 차이도 0.1% 정도임을 고려하면 종 내 차이 정도밖에 되지 않는 것이다. 계속된 연구로 인해 과거에 정설이던 이론이 설득력을 잃어 가고 있다.

네안데르탈인이 현생 인류의 조상이 아니라는 오해는 미토콘드리아 DNA(mtDNA) 분석 결과를 잘못 해석했기 때문이다(1997년).[84] 그 연구의 결론은 현대인 1669명의 mtDNA 평균과 네안데르탈인 한 명의 mtDNA를 비교한 것으로 통계학적인 의미가 없는 것이었다. 이 네안데르탈인의 mtDNA는 22개의 돌연변이를 가지고 있었는데, 현대인의 경우도 1-24개의 mtDNA 돌연변이가 발견되고 있다. 따라서 이 발견을 근거로 네안데르탈인은 현 인류의 조상이 아니며 그들의 유전정보가 현 인류에게 전해지지 않았을 것이란 결론은 틀릴 가능성이 있으며, 그 가능성이 최근에 현실로 나타난 것이다.

네안데르탈인은 현대인의 조상과 다름없는 분명한 사람들이다. 1800년대에 네안데르탈인을 처음으로 그린 상상도는 온몸에 털이 난 직립 원숭이 같았다. 그러나 점점 변하여 지금은 단장만 제대로 한다면 현재 우리 모습과 전혀 차이가 없게 그린다. 그 사람들을 네안데르탈인으로 구별하는 가장 주된 특징은 얼굴 모습 특히 경사진 이마와 들어간 턱인데 현대인들 중에도 그

82 Green et al., "A Draft Sequence of the Neandertal Genome", *Science* 328:710-722(2010)

83 Vernot and Akey, "Resurrecting Surviving Neandertal Lineages from Modern Human Genomes", *Science* 343(6174):1017-1021(2014)

84 Kings et al., "Neandertal DNA Sequences and the Origin of Modern Humans", *Cell* 90(1):19-30, 1997

런 이마와 턱을 가진 사람들이 많다.

네안데르탈인은 섬세한 장례 의식을 가졌고, 가죽을 가공할 줄 알았으며, 석기를 사용하고, 악기를 제조하고, 의료 행위를 했으며, 심지어 화장품까지 사용했다. 네안데르탈인에 대한 세계적인 권위자였던 한 학자는 이렇게 말했다. "네안데르탈인을 현대인과 자세히 비교 조사해 본 결과 네안데르탈인은 움직임이나 조작 기술이나 지적 혹은 언어적인 능력이 현대인보다 떨어질 만한 해부학적인 단서가 전혀 없다."[85]

진화론자들은 이렇게 갈팡질팡하는 과정을 거쳐 마침내 진리를 발견할 것이라고 믿는다. 그리고 그것이 과학의 속성이라고 말한다. 그러나 성경에 대한 불신과 과학적인 오류 때문에 사람의 정체성이 잘못된다면 그동안 잘못된 교육과 왜곡된 정보를 받은 세대에게 얼마나 많은 비극적인 일들을 초래할 것인가? 성경적인 관점에서 보면 네안데르탈인은 분명한 사람이다. 사람은 언제나 사람이었고 침팬지와 같은 유인원은 언제나 유인원이었을 뿐

(왼) 네안데르탈인에 대한 최초의 상상도 (오) 최근의 상상도

85 Erik Trinkaus, "Hard times among the Neandertals", *Natural History* 87(10):58-63, 1978

이다. 성경 기록은 발견되는 모든 화석 증거들과 일치한다. 화석들은 언제나 사람 아니면 유인원이지 그 중간은 없다.

네안데르탈인으로 불리는 사람들은 빙하시대와 밀접한 관련을 가지고 있다. 빙하가 있었던 곳이 그들이 거주하던 북방 한계이기도 하고 구부정한 골격은 폭설이 내리던 빙하시대에 햇빛을 제대로 보지 못해 비타민 D가 결핍되어 나타난 현상일 것이다. 방주에서 나온 사람들 중에는 바벨탑 사건이 일어나기 전에 유럽이나 아시아 북부 혹은 시베리아 쪽으로 이주한 사람들이 있었을 것이다. 혹은 그들이 바벨탑 사건 직후에 흩어졌다 해도 그 당시는 아직 온화한 습윤사막 시대였으므로 지금 네안데르탈인들이 발견된 지역으로 빠르게 이주했을 것이다.

빙하시대가 급격하게 진행되면서 빙하에 갇혀 죽은 사람들도 있었을 것이고 일부는 살기 좋은 지역을 찾아 점점 남쪽으로 이동하게 되었을 것이다. 이런 과정에서 뒤늦게 메소포타미아 지역에서 유럽으로 향하던 민족들과 만나게 되었을 것이다. 하지만 이들은 언어가 완전히 달라졌기 때문에 평화적인 문화 교류보다는 서로 적대적인 관계를 유지했을 가능성이 높다. 이런 과정에서 서로 성적인 교류가 이루어지고 자녀들이 태어났을 것은 자연스러운 일이다. 그래서 그들의 DNA가 지금 우리에게 여전히 전해 내려오는 것이다. 네안데르탈인은 현 인류의 조상들이다.

5. 므두셀라, 아르박삿, 그리고 벨렉

므두셀라, 아르박삿 그리고 벨렉은 수명을 논할 때 가장 대표적으로 거론되는 인물들이다.

므두셀라: 969세, 노아 홍수 전, 인류 역사상 가장 오래 산 사람

아르박삿: 438세, 노아 홍수 후에 처음 태어난 사람,

벨렉: 239세, 아르박삿의 4대손, 홍수 후에 가장 먼저 죽은 사람

성경 인물들의 나이를 의심하는 사람들이 꽤 많다. 노아 홍수 전에 900년 이상 살았다는 것이 믿어지지 않는 것이다. 혹시 당시에는 시간 단위가 지금과 달라 10배쯤 늘어난 것이 아닐까 생각하는 사람들도 있다. 그렇다면 이 경우 에녹은 6.5세에 므두셀라를 낳아야 한다. 성경 인물들 중에는 누구도 이 기록을 의심하지 않았다. 창조과학자들도 이 기록이 사실이라고 믿고 있는데 그럴 만한 충분한 이유와 증거들이 있다.

수명은 환경에 큰 영향을 받는 것으로 알려져 있다. 과학자들의 관찰과 실험에 의하면 스트레스, 질병, 노화 등이 수명을 단축시킨다. 노화의 원인으로는 자외선, 화학물질, 과잉 섭취 등을 꼽는다. 이들 산화 인자들은 세포의 중요한 성분인 단백질, 지질, DNA 등을 산화시켜 기능을 떨어뜨리고 정지하게 만든다.

꼬마선충(C. elegans)의 유전자 daf-2는 수명에 있어서 환경의 중요성을 보여 주었다. 노화, 항산화 반응, 온도 변화 대응, 저산소증 저항성, 병원성 세균 저항성 그리고 생식 기관 발달 등에 daf-2 유전자가 관여해 생명체를 보호하는 역할을 한다. 그런데 흥미로운 사실은 이 유전자가 활동을 많이 하면 그만큼 수명이 짧아진다. 실험 결과에 의하면, 이 유전자의 영향에 따라 수명이 10배나 늘어날 수 있다. 이 유전자가 필요 없을 만큼 환경이 완전하다면 이 동물은 얼마나 오래 살겠는가? 동물이나 사람에게는 이렇게 수명과 관련된 유전자가 여러 개 있는 것으로 알려졌다.

집파리는 29℃에서 34일을 살지만 온도를 조금만 내려 25℃로 유지하

면 거의 3배인 92일간 생존한다. 한편, 초파리에 자외선을 쬐면 빨리 죽을 뿐 아니라 돌연변이가 생겨 자손에까지 영향을 미치게 된다. 이런 사실들은 수명이 환경에 얼마나 의존적인지를 잘 보여 준다. 성경의 수명 변화도 이런 환경 변화와 상관이 있지 않을까?

노아 홍수 전의 환경은 사람이 900년 이상 살 만큼 좋았다. 석탄의 양, 방사성 탄소의 양 그리고 화석으로 남은 대형 동식물은 노아 홍수 이전의 상황이 지금보다 수백 배 좋았음을 말해 주고 있다. 석탄 매장량은 노아 홍수 직전에 현재보다 100배나 많은 나무가 있었음을 말해 주고 있다. 또 석탄의 방사성 탄소 양은 노아 홍수 전 지구에 들어오는 유해 광선이 현재의 200분의 1 수준이었음을 시사한다.[86] 이와 함께 화석이 된 대형 동물도 당시 지구 환경이 우리의 상상을 초월하는 좋은 상태였음을 알려 준다. 이런 환경에서 지금보다 10배 오래 사는 것이 그렇게 이상한 일이 아닐 것이다.

노아 홍수 직후에 태어난 아르박삿은 438년을 살았다. 지금과 비교하면 이 나이도 너무 과장된 것처럼 느껴진다. 그러나 이 수명은 홍수 전 수명의 절반도 되지 않는다. 홍수 후 하나님은 지구에 예전에 없던 추위와 더위를 더하셨다. 추위와 더위는 기온차를 말하는데 바람을 일으키는 원인일 뿐 아니라 생명체들에게는 스트레스가 된다. 그러나 당시 기온차는 그 어떤 동식물도 멸종되지 않을 만큼 좋았다. 하나님은 생육하고 번성하라고 명령하며 복을 주셨다. 실제로 빙하시대 이전에는 지구상에 대형 동물들이 즐비했으나 빙하시대 이후에 대대적으로 멸종(홀로세 멸종)되었다. 그러나 홍수 직후와 빙하시대 직전의 아주 좋았던 기간은 불과 100여 년에 불과했다.

벨렉(239세) 이후의 수명 감소는 어떻게 설명할 수 있을까? 벨렉은 바벨

---

86 주66참조

탑 반역 사건으로 언어가 혼잡해진 무렵에 태어난 것으로 보인다.[87] 초대형 화산이 폭발하는 등 빙하시대를 초래한 지구 환경의 변화로 인해 벨렉은 과거 조상들에 비해 건강하게 자라지 못했을 것이다.[88] 벨렉 이후에 태어난 사람들은 수명이 조금씩 더 줄어들었다. 벨렉의 4대손이자 아브라함의 아버지인 데라(205세) 이후 누구도 200년 이상 살지 못했다.[89]

성경의 수명 변화는 노아 홍수, 빙하시대와 정확하게 일치하며, 빙하시대 이후 급격히 멸종해 간 공룡을 비롯한 대형 동물들도 같은 경향을 보여주고 있다. 그리고 지금의 멸종 현상과도 잘 부합한다. 심히 좋았던 창조 이후 지구 환경은 타락, 노아 홍수, 바벨탑 사건을 겪으며 계속해서 악화되고 있다.

6. 호랑이와 사자의 출현

빙하시대는 '종류대로' 창조된 생물계에 엄청난 충격을 주었다. 수명이 급감하고 멸종에 이르는 동물들이 생겨났으며 같은 종류인데도 서로 자연스럽게 교배하지 않는 집단이 생겨났다. 예를 들면, 창조된 한 종류에서 사이가 좋지 않은 사자와 호랑이가 출현한 것이다. 사자와 호랑이뿐 아니라 표범, 재규어, 퓨마, 오셀롯 그리고 고양이까지 같은 조상에서 생겨났으니 엄청난 사건이 아닐 수 없다. 사람의 경우에도 인종이란 것이 생겨났는데 역시

---

87 벨렉이란 이름은 세상이 나뉘었기 때문에 붙인 이름인데, 노아 홍수 이후 땅이 지질학적으로 나뉜 증거는 없다. 따라서 벨렉은 바벨탑 사건으로 사람들이 나뉜 언어 혼잡 사건을 기념하는 이름일 것이다.

88 노아의 아들 셈은 홍수 전에 태어나 좋은 환경에서 98년을 자랐기 때문에 홍수 후 악화된 환경에서 태어난 그의 아들 아르박삿보다 162년이나 더 살았다.

89 아브라함 175세, 이삭 180세, 야곱 147세, 요셉 110세, 모세 120세, 모세 당시 보통 70세, 다윗 70세 그리고 우리의 할아버지 혹은 증조할아버지들은 회갑(60세)을 넘기기 어려웠다.

바벨탑과 빙하시대의 영향이다.

하나님은 창조된 각 종류 안에 거의 무한한 다양성이 생겨날 가능성을 이미 유전정보에 넣어 두셨다. 하지만 잠재된 변이 가능성이 표현되는 데는 조건이 필요하다. 예를 들어 고양이 종류에서 사자 혹은 호랑이 혹은 고양이 등으로 다양해지려면 선택적인 환경의 도움이 있어야 한다. 빙하시대 직후는 다양한 생물이 나타날 수 있는 최적기다. 습윤사막 시절의 온화하고 다습한 기후가 빙하시대 이후에는 지역에 따라 아주 추운 기후에서부터 아주 더운 기후까지 다양해지고 사막 기후도 생겨났다. 이에 따라 각각의 기후에 적응할 수 있는 식물과 동물이 구별되기 시작했다.

습윤사막 시대에 방주에서 나온 고양이 종류가 번성하며 아프리카에도 가고 아시아에도 갔을 것이다. 그때는 먹이나 온도가 비슷했으므로 아프리카의 고양이 종류나 아시아의 고양이 종류가 비슷한 집단 형태를 유지했을 것이다. 그러나 빙하시대 이후 기후가 바뀌자 지역에 따라 식물 분포가 바뀌고 고양이 종류도 먹이와 기후 환경에 잘 적응하는 것만 남게 되어 분포도가 변하게 되었다. 그 결과 각 지역에 사자, 호랑이, 표범과 같은 모습으로 남게 된 것이다. 지금은 그들이 사는 지역도 다르고, 성격도 다르고, 모습도 사뭇 달라 서로 자연스럽게 교배하지 않는 서로 다른 종(species)이 되었다. 그러

(좌) 라이거 (우) 타이곤

나 그들은 같은 종류이기 때문에 한 우리에 넣어 두면 자연교배가 이루어져 라이거, 타이곤, 레오폰 등이 태어난다.

창조된 한 종류에서 여러 가지 새로운 종들이 생겨난 대표적인 예가 찰스 다윈이 관찰한 갈라파고스의 핀치다. 섬마다 환경이 상이하므로 각기 그 환경에 적응하면서 핀치는 부리 모양이나 크기, 심지어 노래 소리까지 달라졌다. 다른 집단 간에 자연스럽게 교배가 이뤄지지 않자 무려 14개의 새로운 종으로 확립되었다. 이 과정에 유전자의 발현 환경이 조절되는 후성유전이 관여했을 지도 모른다. 그러나 이런 변화는 진화(evolution)나 소진화(micro-evolution)가 아니라 변이(variation)다. 진화가 되려면 새로운 유전정보가 생겨나야 하는데, 자연적인 유전정보 증가는 물질의 근본 법칙인 열역학 제2법칙에 위배되는 일이다. 다양한 변이는 핀치 조상이 가진 유전정보의 다양성으로 인해 다양한 환경에 적응하며 분포도의 차이를 만들었을 뿐이다. 핀치종류는 부리 모양이 달라도 여전히 핀치 종류 안에 남아 있고 창조된 각 종류들은 그 종류의 한계를 넘지 못한다.

갈라파고스 제도의 다양한 핀치들

종분화를 포함한 모든 변이는 우리를 위한 하나님의 배려다. 만약 동물이나 식물이 변이 가능성이 없이 고정되어 있다면 빙하시대 이후 살아남은 동식물의 종류가 크게 줄었을 것이다. 변이 능력 덕분에 빙하시대 이후의 떼죽음 상황에서도 하나님이 창조하신 많은 종류가 각 지역에 적응하여 우리 곁에 살아남아 있는 것이다. 그런데 실상은 각 생물은 악화된 환경 속에서 겨우 생존하고 있으며, 같은 종류끼리 경쟁하고, 신음하며 새로운 세상을 고대하고 있다(롬 8:22).

7. 황색 인종, 흑색 인종, 백색 인종

빙하시대는 사람에게도 큰 영향을 주었다. 빙하시대는 창조된 동물과 식물이 아무 데서나 자유롭게 살지 못하고 적응의 한계 안, 다시 말하면 특정 지역에서만 살게 했을 뿐 아니라 같은 종류 안에서도 자연스런 교배가 이뤄지지 못하게 만들었다. 이런 영향은 동물들보다는 심각하지 않지만, 사람들에게도 나타났다. 바로 인종이라 불리는 사람들의 집단이 생겨난 것이다.

성경은 인류가 한 혈통, 즉 한 가족이라고 말한다.

인류의 모든 족속을 한 혈통으로 만드사 온 땅에 살게 하시고 그들의 연대를 정하시며 거주의 경계를 한정하셨으니(행 17:26).

이에 대해서는 적어도 세 가지의 강력한 증거들이 있다. 인간 유전자 지도 프로젝트 결과, 인구 모델링을 통한 가계 연구, 미토콘드리아와 Y염색체의 DNA 분석 등이다.

2003년 인간 유전자 지도 프로젝트(Human genome project)는 현재 지구상에 살고 있는 인류의 개인 간 DNA 차이가 약 0.1%에 불과하다고 발표했다. 그러나 최근에는 이보다 더 큰 개인 차이가 있다는 사실을 알게 되었다. 그럼에도 인간은 누구나 결혼하여 자녀를 낳을 수 있는 한 종(species)이다.

〈네이처(Nature)〉에 실린 연구 보고(2004년 9월 30일)에 의하면, 피부색과 언어에 상관없이 인류의 가계는 169세대이며, 5천 년 전에 시작되었다. 인류가 남겨 놓은 기록들을 보아도 이 연구 결과가 사실임을 알 수 있다. 그런데 성경 기록에 의하면 노아가 바로 약 5천 년 전 사람이다. 온 인류는 아담의 자손이기도 하지만 더 직접적으로는 노아의 자손이다.

사람의 Y 염색체를 분석하거나 미토콘드리아의 DNA를 분석한 결과, 현 인류는 각각 한 남자의 후손이며 한 여자의 후손이란 결론에 이르렀다. 하지만 발표된 연대는 전혀 성경적이지 않다. Y 염색체 아담은 12만-15만 6천 년 전에 생존했고, 미토콘드리아 이브는 14만-20만 년 전에 존재했다고 보기 때문이다. 세상 학자들이 인류의 기원을 10만-20만 년 전이라고 주장하는 것은 미토콘드리아 이브를 기준으로 한 것이다. 반면 최근에 알려진 미토콘드리아의 빠른 돌연변이 속도를 적용하면 인류의 기원이 진화론자들이 주장하는 인류의 기원보다 훨씬 짧은 6천 년 전으로 나온다.[90]

많은 데이터들은 인류가 오래지 않은 과거에 시작되었으며 한 혈통, 한 가족임을 증거하고 있는데, 왜 우리는 서로 완전히 다른 언어들을 사용하고 있으며 다른 나라와 인종이 되어 이렇게 힘들게 살고 있을까?

노아 홍수(주전 2350년) 종료 약 100년 후 바벨에서 일어난 집단적인 반역 때문에 하나님은 각 가정(family)마다 다른 언어를 갖도록 하셨다. 완전히 다른 언어들을 창조하신 것이 아니라, 기존 언어를 혼잡하게 즉 기존의 언어

90   Gibbons, "Calibrating the Mitochondrial Clock", *Science* 279:28-29, 1998

요소들을 섞어서 서로의 언어를 도저히 알아들을 수 없게 하신 것이다. 오직 가족들끼리만 자기들의 언어를 알아들을 수 있었기 때문에 결국 인류는 함께 살지 못하고 뿔뿔이 흩어져 세상 구석구석에서 살아가게 되었다.[91] 그들이 새로 정착하여 이룬 공동체가 나라이며 민족이며 문명이다.

바벨탑 사건으로 인류가 흩어지는 동안 지구 환경은 아직도 습윤사막 시대였다. 하지만 얼마 지나지 않아 빙하시대가 찾아왔을 것이다. 네안데르탈인들처럼 폭설이 내리는 곳에서 살던 사람들 중에는 살 만한 곳으로 다시 이주하기도 하고 동굴 같은 곳에 고립되어 죽었을 수도 있다. 빙하시대가 진행되자 해수면이 점점 내려가 대륙붕이 드러나면서 알래스카를 지나 아메리카까지 그리고 호주 지역까지도 갈 수 있게 되었다. 인류의 이동이 끝나자 빙하시대는 막을 내렸고 다시 녹아내린 빙하 때문에 해수면은 다시 높아져 대륙붕을 덮고 현재의 5대양 6대주로 형성되었다.

녹아내린 빙하는 바다 온도를 급랭시켜 습윤사막 시대를 끝내고 현재와 같은 기후가 되게 했다. 각 지역에 살게 된 사람들은 다른 동물들이 그랬듯이 새로운 지역과 기후에 적응하기 시작했다. 강한 햇빛이 내리쬐는 곳에서는 멜라닌 색소[92]를 많이 만드는 검은 피부의 사람들이, 일조량이 적은 곳에서는 멜라닌 색소를 적게 만드는 사람들이 쉽게 적응했다. 적응이 어려운 사람들은 다른 곳으로 이동하거나 가족 수가 점점 줄어들었을 것이다. 인종은 이렇게 불과 수천 년 전에 그리고 불과 몇 세대 만에 빠르게 형성되었다.[93]

---

91 성경에는 바벨탑 사건이 일어난 무렵에 70개가 넘는 가족들을 소개하고 있다. 그 흩어진 가족들은 더욱 갈라져 현재 6900여 개의 다양한 언어로 변화되었을 것이다. 하지만 이 언어들을 어족으로 묶으면 성경의 족장 수와 비슷한 90여 개가 된다고 한다.

92 사람의 피부색소는 멜라닌 한 가지밖에 없지만 30여 가지의 다른 유전자들이 멜라닌 생성에 영향을 미치므로 결국 이 유전자들의 조합이 피부색을 결정한다. 인종의 차이는 이 색소의 많고 적음과 골격과 피부 두께에 따라 결정되는 것이지 어떤 유전자가 더 있거나 없는 문제가 아니다. 외형에는 다소 차이가 있지만 유전학적으로 인류는 한 종이다.

93 인구 이동이 적었던 1940년대 이전의 피부색 지도를 보면 지역마다 분명한 피부색을 갖고 있음을 알 수 있다. 피부색의 변화가 수만 년에 걸쳐 발생했다면 이런 차이는 오래전에 사라졌을 것이다.

언제 어떻게 언어와 피부가 다른 민족과 국가가 생겨난 걸까? 진화론자들은 수십억 년의 역사도 자신 있게 말하지만, 정작 20만 년밖에 되지 않았다는 인류 역사에서 어떻게 언어와 인종이 생겨났는지는 설명하지 못한다. 그렇다면 그들이 말하는 수억 년 전의 이야기를 사실이라고 믿어 줄 수 있을까? 반면, 인간의 피부색, 언어, 민족의 기원에 대해서도 성경의 역사는 분명한 근거를 제시하고 있다. 같은 종인 인간이 서로 다른 피부색과 언어를 가진 종족으로 분리된 근본적인 원인은 바벨탑 사건에 의한 '언어의 격리'이며, 그에 이어 빙하기를 거치면서 급변한 기후와 환경에 의해 '지역적 격리'까지 더해져 뚜렷한 분포도를 보이게 된 것이다.

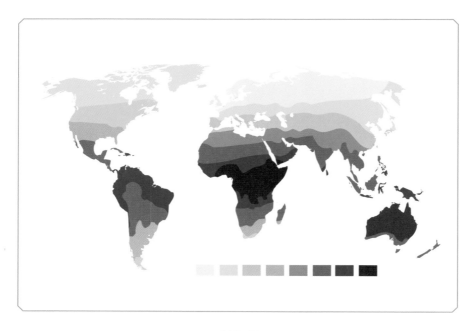

피부색 지도

VI. 인류의 역사와 진화론 그리고 과학

증인의 말씀

✦

요점 1 | 인류의 역사는 성경과 일치한다.

하나님이 이르시되 우리의 형상을 따라 우리의 모양대로 우리가 사
람을 만들고 그들로 바다의 물고기와 하늘의 새와 가축과 온 땅과 땅
에 기는 모든 것을 다스리게 하자 하시고 하나님이 자기 형상 곧 하나
님의 형상대로 사람을 창조하시되 남자와 여자를 창조하시고

| 창세기 1:26-27 |

인류의 모든 족속을 한 혈통으로 만드사 온 땅에 살게 하시고 그들의
연대를 정하시며 거주의 경계를 한정하셨으니 | 사도행전 17:26 |

창조 때로부터 사람을 남자와 여자로 지으셨으니 | 마가복음 10:6 |

나는 내 아버지에게서 본 것을 말하고 너희는 너희 아비에게서 들은
것을 행하느니라… 예수께서 이르시되 진실로 진실로 너희에게 이르
노니 아브라함이 나기 전부터 내가 있느니라 하시니

| 요한복음 8:38, 58 |

요점 2 | 창조는 증거들과 일치하지만
진화론은 과학을 반대하는 사상이다.

태초에 하나님이 천지를 창조하시니라 | 창세기 1:1 |

이 모든 날 마지막에는 아들을 통하여 우리에게 말씀하셨으니 이 아들을 만유의 상속자로 세우시고 또 그로 말미암아 모든 세계를 지으셨느니라 이는 하나님의 영광의 광채시요 그 본체의 형상이시라 그의 능력의 말씀으로 만물을 붙드시며 | 히브리서 1:2-3 |

내가 땅의 기초를 놓을 때에 네가 어디 있었느냐 네가 깨달아 알았거든 말할지니라 누가 그것의 도량법을 정하였는지, 누가 그 줄을 그것의 위에 띄웠는지 네가 아느냐… 네가 묘성을 매어 묶을 수 있으며 삼성의 띠를 풀 수 있겠느냐 너는 별자리들을 각각 제때에 이끌어 낼 수 있으며 북두성을 다른 별들에게로 이끌어 갈 수 있겠느냐 네가 하늘의 궤도를 아느냐 하늘로 하여금 그 법칙을 땅에 베풀게 하겠느냐

| 욥기 38:4-5, 31-33 |

가슴속의 지혜는 누가 준 것이냐 수탉에게 슬기를 준 자가 누구냐
|욥기 38:36|

들소가 어찌 기꺼이 너를 위하여 일하겠으며 네 외양간에 머물겠느
냐… 말의 힘을 네가 주었느냐 그 목에 흩날리는 갈기를 네가 입혔느
냐 네가 그것으로 메뚜기처럼 뛰게 하였느냐 |욥기 39:9, 19-20|

하나님을 알되 하나님을 영화롭게도 아니하며 감사하지도 아니하고
오히려 그 생각이 허망하여지며 미련한 마음이 어두워졌나니 스스로
지혜 있다 하나 어리석게 되어 썩어지지 아니하는 하나님의 영광을
썩어질 사람과 새와 짐승과 기어다니는 동물 모양의 우상으로 바꾸
었느니라 그러므로 하나님께서 그들을 마음의 정욕대로 더러움에 내
버려 두사 그들의 몸을 서로 욕되게 하게 하셨으니 이는 그들이 하나
님의 진리를 거짓 것으로 바꾸어 피조물을 조물주보다 더 경배하고
섬김이라 |로마서 1:21-25|

1. 인위적으로 만들어진 인류의 조상들

아담은 언제 창조되었을까? 수많은 그리스도인들의 궁금증이다. 그러나 하나님은 이미 우리에게 답을 주셨다. 더 이상 어떻게 할 수 없을 만큼 확실한 답을 주셨건만 사람들은 그 말씀을 들으려 하지 않고 궁금해한다. 도리어 진짜 역사인 성경의 역사 대신 수십억 년의 진화론에 마음이 쏠린다. 그래서 인류의 시작이 모호해져 버렸다.

성경의 역사를 가장 심도 있게 연구한 어셔(James Ussher, 1581-1656) 주교에 의하면 창조의 시작은 주전 4004년이다.[94] 어셔의 연구는 단순히 성경에 기록된 숫자만을 고려한 것이 아니다. 무려 7000개의 참고 자료가 포함된 방대한 연구 결과다. 과학자일 뿐 아니라 신학자로서 역사에 관심을 가졌던 아이작 뉴턴(1642-1727)도 어셔 주교의 연대를 받아들였다. 그렇다면 인류의 역사는 수백만 년 혹은 수십만 년 전이 아니라 이제 막 6천 년을 넘었을 뿐이다. 하지만 이 성경의 역사를 세상 학자들은 물론 그리스도인인 학자들조차 믿지 못하는데, 이는 세속 역사인 진화론에 영향을 받았기 때문이다. 진화론이 아담의 창조에 의문을 단 것이다.

진화론에서는 인류의 조상과 침팬지의 조상이 갈라져 진화하기 시작한 때를 대략 600만 년 전으로 본다. 이 진화 과정의 증거로는, 멸종한 인류의 조상으로서 440만 년 전의 아르디(Ardi), 390만 년 전의 래톨리(Laetoli) 발자국의 주인공들, 320만 년 전의 루시(Lucy), 220만 년 전의 호모 하빌리스(Homo habilis), 180만 년 전의 호모 에렉투스(Homo erectus) 등으로 진화하다가 마침내 20-10만 년 전에 현재의 인류인 호모 사피엔스(Homo sapiens)가 나타났다고 주장한다. 그러나 진화론에서 말하는 수백만 혹은 수십만 년이란 연대는 과학적인 방법으로 측정한 숫자가 아니다.

---

94   James Ussher, *The Annals of the world* (AR, USA:Master Books), 2007

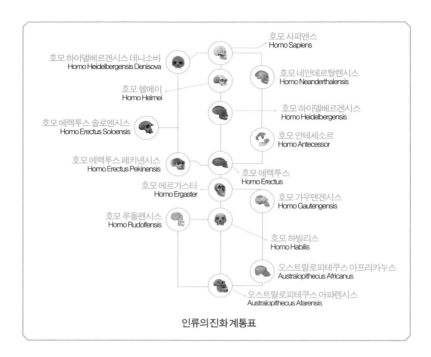

인류의진화계통표

가장 많은 과학자들을 인터뷰한 것으로 알려진 작가 슈리브(James Shreeve)는 과학자들의 연대 측정이 과학적이지 않고 자기 마음대로 하는 참담한 실상에 대해 다음과 같이 한탄했다.

"화석이 변덕스럽다는 것은 누구나 다 알고 있다. 그 뼈들은 당신이 듣고 싶은 노래를 부를 것이다."[95]

인류의 조상으로 수백만 년 전을 운운하는 것은 측정치가 아니라 진화론에 걸맞게 결정된 연대라는 것이다.

왜 진화론자들은 발견된 두개골의 연대를 직접 측정하지 않는가? 10만 년 이상이 되면 방사성 탄소 양이 줄어들어 측정이 불가능해진다. 진화론자들은 인류의 조상이 모두 다 10만 년이 넘었기 때문에 탄소 동위원소 연대

---

95 Shreeve, "Argument over a woman", *Discover* 11(5): 58, 1990

측정을 할 필요가 없다고 그럴듯한 변명을 한다. 그런데 그 두개골들이 10만 년 이상 되었다는 것은 어떻게 안 것일까? 슈리브가 지적한 대로 진화론의 믿음으로 결정한 것이다! 그러니 연대를 측정할 수 없는 것이 아니라 측정하기를 거부하는 것이 진실이다.

편견 없이 인류 화석의 탄소 동위원소 연대 측정을 해보면 어떨까? 실제로는 수억 혹은 수천만 년 되었다는 석탄이나 석유나 공룡이나 나무 화석이나 다이아몬드까지, 탄소를 포함한 모든 시료들은 상당한 양의 방사성 탄소가 검출된다. 다시 말하면 이 세상에 존재하는 모든 유기물은 수억 혹은 수천만, 심지어 수십만 년 오래된 것이 아니라 채 10만 년도 되지 않은 것들이다. 진화론적인 지질 역사에서 가장 최근의 것인 인류 화석들도 예외가 될 수 없음은 말할 필요가 없다. 진화론자들은 이 사실을 숨기고 싶어 한다.[96]

2. 분자시계 (Molecular clock)

현 인류 호모 사피엔스의 출현이 10-20만 년 전이라는 주장은 어떻게 나온 것일까? 수십억 년의 진화론적인 역사에서 20만 년이란 지구 지질연대표에 표시할 수조차 없을 만큼 짧은 기간이지만 탄소 동위원소 연대 측정법으로는 측정의 한계를 벗어나는 오랜 과거다. 따라서 그 연대들은 탄소 연대 측정법이나 다른 어떤 과학적인 방법으로 측정한 결과가 아니다. 그 연대들은 미토콘드리아 DNA(mtDNA)의 돌연변이를 분석하여 시간을 측정하는 '분자시계' 방법으로 계산한 것이다. 여기서 '분자'란 DNA 분자를 의미한다.

---

96   https://www.youtube.com/watch?v=QbdH3l1UjPQ (2014년 4월 20일 복사). 공룡 10마리의 탄소 연대 측정치가 2012년 8월 15일 'AOGS-AGU(WPGM) 2012 conference(Singapore)'에서 토머스 자일러(Thomas Seiler) 박사에 의해 발표되었으나 학회에서는 기록을 삭제해 버렸다. 하지만 유튜브에는 발표 내용이 고스란히 올라와 있다.

분자시계는 DNA의 변화량을 변화 속도로 나누어 시간을 측정하는 방법이다. 미토콘드리아 DNA(mtDNA)를 주로 이용하는 이유는 핵 DNA는 양이 너무 많을 뿐 아니라 부계와 모계로부터 물려받은 DNA가 혼재해 있어 분석하기가 너무 어렵고 복잡하기 때문이다. 미토콘드리아에 들어 있는 DNA의 양은 핵 DNA의 0.005% 정도로 작을 뿐 아니라 모계를 통해서만 유전이 되므로 관계 추적도 훨씬 간단해진다. 이런 이유로 분자시계는 mtDNA를 분석해서 지나온 시간을 측정하는 방법으로 사용되고 있다.

물리학에서 속도(km/h)는 지나온 거리(km)를 시간(h)으로 나눈 값이다. 따라서 거리와 속도를 알면 걸린 시간을 계산할 수 있다. 생물학적 분자시계도 마찬가지다. mtDNA의 돌연변이 정도(=양)를 측정하고, 한 세대가 지날 때마다 생겨나는 돌연변이 속도(=돌연변이 수/세대)로 나누어 세대 수(=시간)를 얻는다. 얼핏 보기에 이 방법은 아주 과학적인 것 같다. 그러나 실상은 전혀 그렇지 않다. 분자시계의 문제점은 고장난 일반 시계의 문제점과 동일하다. 시간을 정확히 측정하기 위해서는 시계가 언제나 일정한 속도로 돌아가야 한다. 분자시계가 정확하려면 현 인류가 존재한 이후로 돌연변이 속도가 일정해야 한다. 그러나 이 가정을 과학적으로 확인할 방법은 없다.

또 한 가지 더 중요한 사실은 침팬지와 사람이 공통 조상으로부터 갈라진 시점이 400-600만 년 전이라는 것이 필연적으로 가정되어야 한다. 분자시계는 이 두 가지의 확인할 수 없는 가정에 근거를 두고 돌연변이 속도(사람과 침팬지의 DNA 차이 ÷ 600만 년)를 구한다. 그렇게 해서 나온 것이 바로 10-20만 년이다. 그러므로 현 인류가 10-20만 년 전에 시작되었다는 주장은 돌연변이가 축적되는 현상에 진화론적 공통 조상 가설을 혼합하여 만들어 낸 숫자일 뿐이다.

최근 이 분자시계에 큰 영향을 미칠 만한 변수들이 알려지기 시작했다. 과거에는 300-600세대마다 하나의 DNA가 돌연변이 되는 것으로 생각했다. 그런데 1997년에 134개 가족의 357명을 대상으로 미토콘드리아 DNA(mtDNA)를 조사한 결과가 나오자 진화론자들은 크게 당황했다. 돌연변이 속도가 예측한 것보다 거의 10배나 빨랐던 것이다. 즉 40세대마다 하나의 DNA가 돌연변이된 것이다.[97] 또 다른 보고는 mtDNA 돌연변이 속도가 기존의 상식보다 20배 더 빠르다고 한다.[98] 돌연변이 속도가 빨라지면 인류의 역사는 그만큼 짧아지게 된다.

비단 mtDNA 돌연변이 속도만 예상보다 훨씬 빠른 것이 아니다. 지난 2003년 사람의 전체 DNA를 읽는 게놈 프로젝트(Genome Project)가 끝난 후에도 계속해서 수많은 개인들의 전체 DNA가 해독되고 있다. 2010년 10월 27일 1천 명의 게놈 해독 결과가 발표되었는데, 이중 두 가족 6명의 부모와 딸을 정밀 조사한 결과 한 세대당 돌연변이 수가 60개나 되었다.[99] 돌연변이 속도가 기존 예상치보다 20배나 더 빠른 것이다. 그렇다면 인류의 기원도 20배나 짧아져야 마땅하다.

진화론 과학자들은 (인류의 기원이 수천 년으로 계산될까 봐) 예상보다 훨씬 빠른 돌연변이 속도로 인해 걱정이 많다. 새로운 돌연변이 속도를 분자시계에 적용하면 인류의 기원이 성경과 비슷하게 6천 년까지 나온다.[100] 그들은 지금 느린 분자시계, 보통 분자시계 그리고 빠른 분자시계 등 속도가 다른 분자시계를 손에 쥐고 느린 분자시계를 사용하자고 무언의 담합을 하고 있다.[101]

예수님은 "창조 때로부터 사람을 남자와 여자로" 지었다고 말씀하셨다

97   Parsons, T., Muniec, D., Sullivan, K. et al. "A high observed substitution rate in the human mitochondrial DNA control region", *NatGenet* 15: 363 – 368 (1997)
98   Gibbons, A., "Calibrating the Mitochondrial Clock", *Science* 279:28-29, 1998
99   http://www.nih.gov/news/health/oct2010/nhgri-27.htm (2014년 4월 20일 복사)
100 Gibbons, A., "Calibrating the Mitochondrial Clock", *Science* 279:28-29, 1998
101 Callaway, E., "DNA mutation clock proves tough to set", *Nature* 519: 139 – 140 (2015)

(막 10:6). 사람이 존재하기 시작한 때는, 빅뱅 가설을 믿는 사람들이 주장하듯이, 138억 년이 지난 후가 아니라 역사의 처음인 6천 여 년 전 창조 당시부터라는 것이다. 성경에 기록된 인류 역사를 전부 합하면 약 6천 년이 나온다. 성경은 그 첫 사람을 하나님의 형상 아담이라고 했다. 현재 지구에 살고 있는 모든 사람은 맨 처음 창조된 하나님의 형상 아담의 후손들이다. 참 과학에 근거한 새 분자시계도 역시 성경과 같은 시각을 가리키고 있다.

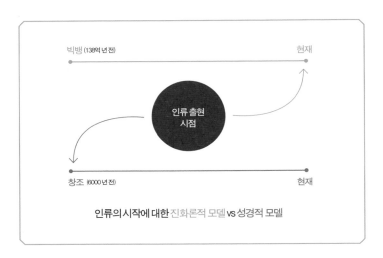

인류의 시작에 대한 진화론적 모델 vs 성경적 모델

3. 인구 모델 연구

세계에서 가장 권위 있는 과학지 〈네이처(Nature)〉에 의하면 인류의 가계 역사는 169세대 5천 년뿐이다.[102] 수억 년 동안 이어진 고생대-중생대-신생

---

102   Rohde, D., Olson, S. & Chang, J., "Modelling the recent common ancestry of all living humans", *Nature* 431: 562–566 (2004)

대와 구석기-신석기-청동기의 역사를 사실로 배워 온 사람들에게 이 연구 결과는 무척 당황스러울 것이다. 그러나 논리적으로 생각해 보면 곧 이 결과에 동의하게 될 것이다. 심지어 전문가들도 이 연구 결과를 대단히 흥미롭게 여겨 그 논문이 게재된 〈네이처〉 뉴스란에 그 의미를 설명할 정도였다.[103]

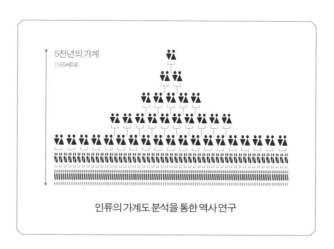

5천년의 가계
(169세대)

인류의 가계도 분석을 통한 역사 연구

한국뿐 아니라 세계 모든 민족의 성씨(姓氏, family name)의 역사는 그리 길지 않다. 우리나라도 마찬가지로 고구려, 백제, 신라의 고위 관리들만 성씨를 가지고 있다가 고려 말과 조선 초 무렵부터 일반인들도 성씨를 사용하기 시작했다. 그래서 어느 가문이든지 그 가계가 그리 길지 않은 것이 사실이다. 한국에서 가장 오랜 가계는 삼국시대부터 시작되므로 아무리 길어도 100세대가 되지 않는다. 실제로 필자가 강의할 때 만난 가장 오랜 가문은 76세대였다. 단기 2333년부터 시작되었다 해도 200세대가 될 수 없다.

〈네이처〉에 발표된 169세대 5천 년에 대한 연구를 조금 더 자세히 들여

103 Hein, J., "Pedigrees for all humanity", *Nature* 431: 518 – 519 (2004)

다보자. 그 연구자들은 인류가 아프리카에서 시작되어 전 세계로 퍼져 나간 것으로 가정하였다. 성경에 의하면 바벨탑을 쌓은 메소포타미아(이라크) 지역에서 퍼져 나갔으므로 그 결과에 그리 큰 차이가 없을 것이다. 그들은 세계 각 지역을 작은 격자로 나누어 인구 이동 경로 등의 데이터를 수집했는데, 심지어 각 지역에 항구가 생긴 시점과 당시 인구의 이동량까지 감안하여 현존하는 모든 사람의 공통 조상과 최초 조상을 찾도록 시뮬레이션했다.

이 방법은 가계를 따져 보는 방법이므로 유전정보를 분석한 결과에 비해 오차가 거의 없는 것이 특징이다. 분자시계에서 소개했듯이 돌연변이 속도가 일정하지 않고 각 부위마다 돌연변이 속도가 다르기 때문에 미토콘드리아 DNA를 분석한 모계 중심의 인류 역사(10-20만 년)와 Y 염색체를 분석한 부계 중심의 인류 역사(24만-58만 년)는 완전히 다르다. 최근에는 이 둘의 연대를 어떻게든 서로 맞춰 보려는 시도가 진행되고 있다.[104] 그러나 족보는 한 세대가 거의 정해져 있으므로 큰 오차가 발생하지 않는다.

〈네이처〉에 논문을 발표한 연구자들이 내린 결론은 신선하고 명쾌하다.

"유전적인 측면이 아니라 가계적인 측면에서 현 인류의 조상을 생각해 보면 우리의 발견은 놀라운 명제에 도달한다: 우리가 무슨 언어를 사용하든지, 피부색이 어떻든지 간에 우리는 다음과 같은 사람들이 우리의 조상이라는 것이다. '양쯔강변에서 벼농사를 짓던 사람들, 우크라이나 대초원에서 처음으로 말을 길들인 사람들, 남북 아메리카의 숲에서 커다란 나무늘보를 사냥한 사람들 그리고 쿠푸의 거대한 피라미드를 건설하는 노동자들.'"

현재의 인구를 생각해 봐도 인류의 역사는 수십만 년이 될 수 없다. 현재 세계 인구는 약 70억 명이다. 만약 최초의 조상 남녀 2명에서 시작하여 인구 증가율이 0.5%였다면 얼마 만에 70억 명이 될까? 불과 4408년째 70억

---

104 http://en.wikipedia.org/wiki/Y-chromosomal_Adam (2014년 4월 23일 복사)

(7x10^9) 명을 돌파하게 된다. 그러나 인류 역사가 5만 년만 되어도 인구는 4x10^{108}명이 되어야 한다. 반대로 70억 명이 되는 데 20만 년이 걸리려면 인구 증가율은 0.01%가 되어야 한다. 이럴 경우 인구가 2명에서 3명으로 되는 데 무려 3673년이 필요하고, 네 명이 되려면 6292년이 필요하다는 황당한 결과가 나온다. 진화론적인 연대는 어떻게든 정당화되기 어렵다. 그러나 성경의 역사와 실제 인구는 거의 정확하게 맞아떨어지고 있다.

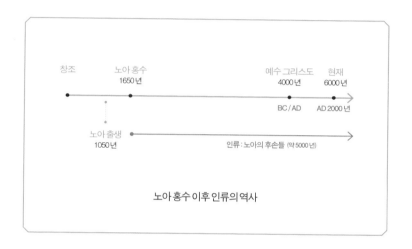

노아 홍수 이후 인류의 역사

성경에 의하면 현재 이 땅에 살고 있는 모든 사람은 아담의 후손이기도 하지만 노아의 후손들이다. 노아는 지금으로부터 거의 정확히 5천 년 전의 인물이다. 앞서 설명한 새로운 분자시계의 시간이 6천 년을 말해 주고 있고, 〈네이처〉에 발표된 가계를 통한 분석도 5천 년을 말해 주고 있다. 또 여기서는 설명하지 않았지만, 인류의 모든 문명도 수천 년 이상 된 것이 발견되지 않을 뿐 아니라 모두 주전 2000년경 이후에 갑자기 나타났다. 이 모든 자료는 6천여 년의 성경 역사가 사실임을 가리키고 있다.

4. 과학 발전을 방해하는 진화론

지금까지 성경의 역사와 함께 사람을 포함한 생물들의 역사를 살펴보았다. 이 역사는 교과서를 통해 배운 진화론적인 역사와 엄청난 차이를 보인다는 것을 알았을 것이다. 진화론은 여러 가지 과학 법칙을 무시해야 성립되는 역사다. 그러나 성경이 말하는 역사는 그 증거가 많을 뿐 아니라 그 증거들에 대한 해석이 과학적으로나 논리적으로나 문제가 없다는 것을 알게 되었을 것이다.

교과서에 나오는 진화론은 이미 많은 책이 출판되어 비판하고 있으므로 다시 재론할 필요가 없다고 여겨진다. 다만 여기서 다시 짚고 싶은 것은 '정말로 진화의 예들이 있는가?' 하는 것이다. 밀러의 실험과 생명의 자연발생설, 말의 진화, 시조새, 핀치의 부리, 산업혁명과 후추나방, 상동기관, 흔적기관, 헤켈의 배반복설(계통반복설), 인류의 진화를 증거한다는 화석들 그리고 진화의 방법이라고 알려진 돌연변이와 자연선택, 최근에 진화한 단속평형설 등 교과서에서 진화의 증거로 가르치고 있는 모든 것은 반과학적이거나 비과학적인 것들로 결국은 거짓말이다. 물론 과학 교과서 전체가 거짓말이란 말이 아니다. 관찰과 실험에 근거하지 않은 진화론이 사실이 아니란 말이다.

진화론은 사실이 아니고 진리가 아니기 때문에 과학과 기술의 발전을 방해하며 반윤리적인 문제들을 야기시킨다. 뒤에 소개한 '파스퇴르와 리스터'의 예에서 알 수 있듯이, 창조론은 놀라운 일들을 하게 했지만, 진화론의 자연발생설은 수술 도구을 세척하지 않도록 하는 등 의학 발전을 방해하고 결국 수많은 생명을 앗아 갔다. 맹장과 편도선 등 수많은 기관을 흔적기관이라 하여 연구할 의욕을 갖지 못하게 했고, 수십만 건의 절제 수술을 하는 오류를 범했다. 헤켈의 배발생은 수백만의 생명을 낙태시키는 데 활용되었다. 수억 년의 지질계통표를 사실로 믿게 만듦으로써 공룡 뼈나 화석에 대해 방사성 탄소 연대 측정을 해볼 생각도 못하게 해 진실을 외면하게 했다.

최근에 진화론자들은 지구를 닮은 행성과 외계 생명체로 세상의 관심을 끌고 있다. 지난 수십 년간 화성 탐사에 열을 올리기도 했다. 천문학적인 재정을 쏟아부어 화성 탐사에 나선 것은 화성에 물이 있는지, 생명체의 흔적이 있는지 알아보기 위해서다. 이 같은 시도를 하는 이유는 무엇인가? 먼저 진화론을 확신하기 때문이고, 따라서 하나님 없이 시작되는 생명의 기원을 설명하려는 것이다. 이제 더 나아가 지구와 비슷한 행성을 찾고자 애쓰고 있다. 지구와 비슷한 행성이 발견되면 으레 물이 있을 것이다, 생명체가 충분히 살 수 있을 것이다 그리고 생명체가 있을지도 모른다는 식의 유언비어를 퍼뜨린다. 여기에 덧붙여 나오는 것이 외계인과 UFO다. 그러나 이런 것들은 모두 진화론의 믿음에 근거한 것이다. 이런 프로젝트에 들어가는 노력과 비용을 진정한 과학과 기술 발전을 위해 사용했다면 어떤 결과가 있었을까?

생명은 저절로 발생하지 않는다. 모든 종류의 생명체는 창조된 조상에서 나온 것이다. 과학 법칙들 중에서도 가장 확실한 법칙이 열역학 제2법칙이다. 모든 것은 저절로 무질서해진다는 법칙에는 예외가 없다. 그러므로 원자에서 분자로, 고분자로, 세포의 각 기관으로, 완전한 세포로 저절로 된다고 생각하는 것은 열역학 제2법칙을 무시하는 믿음이다. 생명체가 물을 절대적으로 필요로 하지만, 물이 있으면 생명체가 있을 것이란 생각도 이 법칙을 위반하는 공상일 뿐이다. 생명체 내 수십억 개의 부품들은 동시에 적재적소에 존재해야 비로소 세포 하나가 된다. 이런 기적은 창조주 없이 절대로 저절로 일어날 수 없다. 생명체라는 존재 자체가 그 기적을 일으킨 창조자가 계신다는 강력한 증거다. 성경의 하나님만이 우주와 생명과 인간을 창조한 유일한 분이다. 다른 어떤 종교나 사상에도 이런 창조자는 존재하지 않는다. 진화론자들은 다만 이 창조자를 거부하고 싶은 것이다.

5. 파스퇴르와 리스터

'파스퇴르 우유'로 널리 알려진 위대한 창조과학자 루이 파스퇴르(Louis Pasteur, 1822-1895)는 처음에는 아마추어 미생물학자였다. 원래 전공이 화학이었는데 현미경에 관심을 가졌다가 결국은 미생물학의 아버지가 되었다.

'파스퇴르 우유'는 그의 연구 과정에서 생긴 부산물이다. 그는 버터밀크(butter milk)에서 추출한 미생물은 신선한 우유를 시큼하게 만들지만 열을 가한 추출물은 그렇게 하지 못한다는 사실을 알아냈다. 이 열처리 과정이 그의 이름을 딴 '파스퇴르 살균법(pasteurization)' 일명 저온 살균법이다. 이 살균법은 높은 열을 가하면 안 되는 포도주나 맥주의 살균 과정에도 사용되고 있다. 파스퇴르의 친구들은 이 살균 특허로 그가 큰 부자가 될 것이라고 확신했지만 그는 그 수익을 기꺼이 사회에 돌렸다. 파스퇴르는 자신이 다른 사람을 도울 책임이 있는 사람이라고 믿었다.

저온 살균법이 성공을 거둔 이후 파스퇴르는 프랑스의 양잠(누에치기)업을 초토화시킨 질병에 대해 연구하기 시작했다. 그는 병균(germs)이 누에를 병들게 한다는 사실을 증명하고는 전염된 모든 누에와 뽕나무를 없애 버렸다. 그리고 병균에 감염되지 않은 알들을 골라 프랑스의 양잠업을 다시 일구게 했다. 이 발견은 뒤에 소개할 조지프 리스터(Joseph Lister, 1827-1912)의 발견과 함께 현대 의학의 기초가 된 세균 이론(germ theory)의 근거가 되었고 수많은 사람의 목숨을 건지고 있다.

파스퇴르의 여러 분야에 걸친 실험 중 가장 스릴 넘친 것은 대중에게 직접 탄저 백신(anthrax vaccine) 효과를 입증한 실험이었다. 탄저병은 최근에 테러 목적으로 우편을 통해 배달되기도 했던 생물학적인 독극물이다. 당시에는 그렇게 작은 균이 큰 동물들을 죽일 수 있으리라고는 믿지 않았기 때문에 수의사들조차 파스퇴르의 생각을 비아냥거렸다. 파스퇴르는 그들이 보는 앞에서 25마리의 양들에게 먼저 백신을 주사하고 후에 탄저균을 주사했더니 단 한 마리도 죽지 않았다. 그러나 백신을 맞지 않은 25마리의 양들은 다 죽고 말았다.

탄저 백신을 공중 앞에서 실험한 다음 날 신문은 백신을 맞은 양들 중에 몇 마리가 아픈 것 같다고 보도했다. 파스퇴르는 식사할 수조차 없었다. 아마 기도하고 있었을 것이다. 그러나 그다음 날 이 실험을 제의한 수의학회지의 편집장으로부터 전보가 왔다. "백신을 맞은 양들 중 아픈 양들이 완전히 회복되었음. 백신을 맞지 않은 양들은 이미 죽었거나 죽어 가고 있음. 경탄할 만한 대성공임." 이후로는 아무도 세균 이론에 대해 심각한 도전을 하는 사람이 없었다.

파스퇴르의 광견병 백신(rabies vaccine) 개발은 뜻하지 않게 성공을 거두었다. 어느 아홉 살 소년의 엄마가 파스퇴르를 급하게 찾아왔다. 자기 아들이 미친개에 물려 죽게 되었으니 도와달라는 것이었다. 아직은 그 백신이 동물실험 단계에 있었기 때문에 사람에게는 쓸 수 없었다. 그러나 간곡한 청에 못 이겨 그 아이에게 주사를 놓았다. 파스퇴르는 그날 이후 10일 동안 먹지도 자지도 못하고 오로지 그 아이의 침상 곁을 지켰다. 후에 그 소년은 세계적인 백신 연구기관인 파스퇴르 연구소의 연구원이 되었다.

파스퇴르는 현미경을 통해 셀 수 없이 많은 작고 다양한 생명체들을 보았다. 당시 자연주의자들은 그것들이 저절로 생겨난다고 믿었다. 그러나 그는 자연발생(진화)설을 거부하고 결정적인 S-플라스크(Swan-neck flask, 242쪽 그림) 실험을 통해 생물학의 위대한 이론을 세운다(1862년). 과학 교과서에도 나오는 생물속생설(biogenesis, 生物續生說)이 그것이다. 생명체는 무생물이 진화하여 저절로 생겨나는 것이 아니라 반드시 생명체에게서만 나온다는 것이다. 위키백과에 의하면 파스퇴르가 실험에 사용한 S-플라스크의 고기즙은 아직도 부패하지 않은 채 보관되고 있다고 한다.

파스퇴르는 화학 분야에서도 획기적인 공헌을 했다. 생물체에서 추출한 주석산(tartaric acid)이 녹아 있는 용액은 빛을 회전시키는 데 반해, 실험실에서 만든 주석산은 똑같은 화학적 구성을 가졌음에도 불구하고 빛을 회전시키지 않는 것을 발견한 것이다. 이를 통해 파스퇴르는 화학적인 구성 성분은 같지만 구성 원자들의 위치가 서로 다른 광학적 이성체(optical isomer)인 L-형과 D-형이 있음을 세계 최초로 보고하여 영국 학술원(Royal Society)에서 메달을 받았다.

이런 놀라운 업적과 인간적 미덕이 파스퇴르를 위대하게 만든 것은 아니다. 그를 더욱 위대하게 만든 것은 그의 믿음이었다. 그는 이렇게 고백했다.

"자연을 연구하면 연구할수록 나는 더욱더 깜짝 놀라며 창조자의 손길

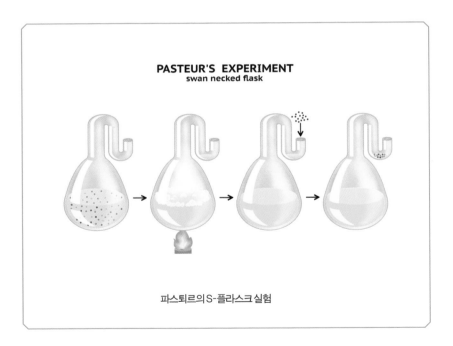

PASTEUR'S EXPERIMENT
swan necked flask

파스퇴르의 S-플라스크 실험

앞에 서게 된다."

가장 완벽하게 그의 전기를 쓴 그의 사위는 그가 '하나님과 영원에 대한 절대 신앙'을 가진 사람이라고 평가했다. 영국의 유명한 외과의사인 패젯(Stephen Paget)은 "그의 영적인 삶이 과학자로서의 경탄할 만한 삶에 결코 뒤지지 않는 한 사람이 여기 있었습니다"라고 했다. 그는 위대한 과학자요 진실한 그리스도인, 진정한 창조과학자였다.

BOX 리스터 이야기

1861년, 영국의 글래스고의 한 병원에 수술 후 감염을 줄이기 위한 연구 그룹이 생겨났다. 담당 의사는 조지프 리스터였다. 당시 과학자들은 살이 썩어 가며 역겨운 냄새를 내는 괴저[105]나 감염은 병균 때문이 아니라 나쁜 공기 때문이라고 믿었다. 1865년, 리스터는 파스퇴르의 세균 이론을 통해 병원균이 공기를 타고 옮겨진다는 것을 알게 되었다. 그는 석탄산(carbolic acid)을 사용하여 수술대에 세균이 없도록 하였고, 공기 중에도 미세하게 뿌렸다. 당시 의사들은 수술이 끝났을 때 손을 씻었지만 리스터는 수술하기 전에 손을 씻었다. 당시 경험 많은 의사의 상징이던 더럽고 피 묻은 수술복 대신 최초로 깨끗한 옷을 입은 의사가 된 것이다. 수술은 대성공이었다. 독일 뮌헨에서는 수술 환자 5명 중에 4명이 죽었지만, 리스터의 방법을 적용했을 때, 200명 중에 단 한 사람만 죽었다. 리스터의 업적에 힘입어 한때 영국은 세계에서 가장 유명한 의료 도시가 되었다. 이 소식은 아프리카 선교사인 리빙스턴에게까지 전해져 그도 이 방법을 사용했다고 한다.

---

105 혈액 공급이 되지 않거나 세균 때문에 비교적 큰 덩어리의 세포 조직이 죽는 현상

하지만 여전히 세균 이론을 믿지 못하고 의심하는 의사들이 많았다. 그리스도인이
며 온순한 리스터는 세균 이론을 확신했지만 그들과 격론을 벌이기보다 결과가 말
해 주도록 기다렸다. 그는 하나님이 그의 일을 인도한다고 믿었으며 "나는 기독교
의 근본 교리를 믿는 신자입니다"라고 고백한 창조과학자였다.

미국의 의사 조셉 로렌스(Joseph Lawrence)는 리스터의 석탄산보다 더 약한 소독액
을 만들어 수술 중에 사용했다. 이 소독액은 지금 리스터의 이름을 따서 리스터린
(Listerine)이란 이름으로 판매되고 있다. 리스터린은 생명의 우연 발생을 믿는 진화
론이 결코 낳을 수 없는 창조론의 산물인 것이다.

6. 과학과 성경

프랑스의 한 사상가는 이렇게 말했다.

"그들(과학)의 임무는 진리를 보여 주는 것이다. 다시 말하면, 하나님이
어디에나 계신 것을 보여 주는 것이다."[106]

그러므로 진리를 추구하는 과학과 진리를 말해 주는 성경이 만난다는
것은 전혀 놀라운 일이 아니다. 실제로 많은 과학적인 발견과 과학 발전이
성경적 사고에서 가능했고 과학 교과서에 등장하는 대부분의 과학자들은
성경의 창조자를 믿은 사람들이었다.

과학이란 무엇인가? 과학(science)이라는 말은 원래 지식(knowledge)이라
는 뜻을 가진 라틴어 scientia에서 왔다. 과거에는 모든 종류의 체계적인 지식
이 과학으로 여겨졌기 때문에 과학은 철학(philosophy)이란 단어와도 구별되

---

106 http://www.bartleby.com/354/10.html ; 주버트(Joseph Joubert, 1754-1824).

지 않고 쓰였다. 하지만 자연주의 영향을 강하게 받은 현대의 과학은 무신론적이고 물질적인 지식만을 과학이라고 정의한다.

　과학 교과서에 사실과 다른 것이 기술되었다는 것이 깜짝 놀랄 일이다. 사람들은 과학 교과서에는 사실로 확인된 지식만 있을 것으로 생각한다. 하지만 과학 교과서에는 두 종류의 지식이 혼합되어 있다. 한 가지는 관찰되었고, 실험해 보았고, 반복 실험을 통해 확인한 지식이다. 다른 한 가지는, 관찰도 실험도 해 보지 않았고 가정에 기반한 추론에 의존하는 지식이다. 전자의 지식을 실험과학(experimental science)이라 하고 후자의 지식을 역사과학(historical science)이라고 부른다.

　실험과학은 현재 관찰되고, 현재 실험되고, 현재 반복 실험을 통해 증명될 수 있는 물질과학(material science) 혹은 자연과학(natural science)이다. 반면에 역사과학은 현재 관찰되는 사물이 어떤 과정을 거쳐 여기에 존재하고 있는지, 시작과 과정의 과거 역사를 다룬다. 달리 말하면 자연사(natural history)다. 그 대표적인 예가 수십억 년의 진화론 역사다. 그런데 과학 교과서는 이 두 가지 지식을 혼용해서 둘 다 '사실'로 가르침으로써 과학의 목적인 진리를 알지 못하게 하고 오히려 진리를 외면하게 만드는 오류를 범하고 있다.

　과학과 성경은 충돌하는가? 진정한 과학과 성경은 충돌하지 않지만 과학 교과서의 진화론 내용과 성경은 충돌한다. 즉 수십억 년과 진화론은 수천년의 역사와 6일간의 창조를 말하는 성경과 충돌한다. 마찬가지로 진화론자와 창조론자는 세포의 구성, 대사, 적응, 생식, 유전학 등의 실험과학에 대해서는 충돌하지 않지만, 생물의 역사에 대해서는 충돌한다. 그들이 서로 충돌하는 이유는 과학 지식이 다르거나 부족해서가 아니다. 증명될 수 없는 과거의 역사를 각각 다른 믿음으로 설명하려 하기 때문에 충돌하는 것이다.

　혹자는 창조과학자들은 전문가가 아니라고 주장한다. 이 주장이 사실도 아니지만 설령 그렇다 해도 그들이 진화론자들의 주장을 이해하지 못할 정도로 비전문가들도 아니다. 창조과학자들이 전문가가 아니기 때문에 그들의 말을 믿어서는 안 된다고 주장하는 것은, 마치 온 세상 과학자들이 극소수의 진화론 과학자들의 말을 맹목적으로 믿어야 한다는 아주 어리석은 주장이다.

결국 역사(과학)의 문제는 믿음의 문제인데 어떤 믿음이 참인지 어떻게 알 수 있을까? 기원과 과거 역사를 설명하는 믿음의 체계가 크게 두 가지 있다. 하나는 전능하신 창조주가 성경대로 우주를 창조하고 성경대로 역사를 진행해 왔다는 창조론의 믿음이다. 다른 하나는 수백억 혹은 수십억 년 동안 물질들이 우연한 화학반응을 통해 진행되어 오다가 인류가 나왔다는 진화론의 믿음이다.

우리가 이 두 가지 믿음 체계를 증명할 수는 없지만 확인해 보는 방법은 의외로 간단하다. 어느 체계가 더 증거들과 잘 맞으며 과학 법칙들과도 잘 어울리고 논리적인지 확인해 보면 된다. 한편, 이미 오래전에 벌어진 사건을 설명하려 할 때, 특별히 증거가 충분하지 않은 경우에는 증인의 역할이 결정적이다. 그러나 진화론에는 증인이 없다. 진화의 맨 마지막 시각에 사람이 출현했기 때문이다. 하지만 창조론에는 하나님이란 증인이 계시고 그분의 증언인 성경이 있다. 이 증인의 말인 성경을 통해서 과거와 현재의 증거들을 살펴보았을 때 우리는 진화론으로는 결코 이해할 수 없는 많은 것들을 알게 되었다. 그리고 증인의 말인 성경이 옳다는 것을 더욱 확신하게 되었을 것이다.

성경적 창조는 과학의 기초다. 물질의 근원을 생각해 볼 때 현재 존재하는 물질은 무에서 창조되었어야 한다. 우주의 법칙인 열역학 제1법칙에 의하면 에너지는 스스로 생성되지 않기 때문이다. 그러므로 우주의 모든 에너지를 제공한 창조자가 있어야 한다. 또한 하나님은 일정하신 분이므로 하나님이 창조하신 물질의 법칙들도 일정할 것이기 때문에 관찰된 법칙들은 미래를 예견하는 데 적용할 수 있다. 모든 것이 무작위로 움직인다는 믿음을 갖는다면 과학 활동은 불가능하다. 과학이 가능한 것은 물질세계에 질서가 있기 때문이다. 따라서 아이러니하게도 진화론을 믿는 과학자들조차 그들이 진정한 과학인 실험과학을 하는 동안에는 창조론의 믿음을 갖지 않으면 안 된다.

생물학의 기초도 창조다. 생명체의 구성 성분이나 각 성분이 유기적으로 완벽하게 작동하는 것을 볼 때 생명의 기원도 창조의 기적이 아니면 설명할 수 없다. 생명체 안에는 무작위적인 화학반응으로는 설명할 수 없는 고도의 기능을 가진 분자들이 있고, 지성이 없이는 배열될 수 없는 정보가 막대하게 저장되어 있다. 그 모든 것은 통합된 시스템을 이루어 생명 현상을 유지하고 번식하도록 하는 하나의 목적에 기여하고 있다. 생명체는 지혜와 인격을 가진 창조자 없이는 설명되지 않는다. 그러므로 불과 수천 년 전의 창조에서 시작된 성경의 역사만이 현재의 동식물과 인류와 문명을 제대로 설명할 수 있다. 창조는 과학을 초월하면서 동시에 진짜 과학의 유일한 시작점이다.

성경에는 창조로부터 시작된 역사가 있고 그 마지막은 영원한 생명이 성취된다. 따라서 생명에 이르기 위해서는 역사를 잘 알아야 한다. 그런데 너무나 많은 사람에게, 그 생명으로 가는 길의 시작점인 창조와 그 이후에 계속되는 역사가 믿어지지 않는 기록이 되어 버렸다. 생명의 복음이 받아들여지지 않고, 삶이 무질서해지며, 인생의 최종 목적지가 흐릿해져 버렸다. 더욱 안타까운 것은 생명나무와 생명나무에 이르는 길이 없다고 말하는 교회들도 있다는 사실이다. 여기에는 과학의 탈을 쓴 진화론의 거짓이 큰 역할을 하고 있다. 시대에 교묘하게 편승하는 악의 세력이 과학시대의 과학을 왜곡하여 사람들을 속이고 교회를 무너뜨리고 있다.

일반 학교에서는 말할 것도 없고 교회에서도 가장 신뢰하는 사람은 신학자가 아니라 과학자다. 과학자는 사실만을 이야기한다고 오해하고 있다. 이런 점을 악용하여 사실이 아닌 '역사'를 '과학'으로 포장하여 사실로 가르치고 있는데 그것이 '진화론'이다. 진화론은 원래 있던 물질이 저절로 조합되어 최초 생명체가 생겨나고 이것이 점점 변해서 사람이 되었다는 오랜 역사를 주장한다. 그래서 진화론은 과학이 아니라 역사임이 분명하다. 그렇지만 과학으로 포장했기에 수많은 과학자를 포함해 신학자들과 거의 대부분의 사람들은 진화와 진화론을 과학이라고 오해하게 되었다. 결국 그들에게 성경의 역사는 사실이 아닌 것이 되고 말았다.

창조와 이후 계속된 진짜 역사를 버리면 개인과 사회의 삶이 무너진다. 이 세상에서 가장 중요한 질문이 있다면 '나는 누구인가? 나는 어디서 왔는가? 죽으면 어디로 가는가?'이다. 이 질문들에 어떻게 답하느냐에 따라 삶의 방식과 의미와 목적지가 정해진다. 그런데 이 질문들에 대한 진정한 대답은 성경의 창조와 역사에서만 찾을 수 있다. 진짜 역사를 잃어버린 현 세대는 방황하며 무질서해질 수밖에 없다. 동성애와 같은 온갖 반윤리적인 문제들이 양산되고 심지어 그것이 옳다고 주장하고 가르치기까지 한다. 마약, 도박, 포르노, 인종 문제, 낙태 문제, 안락사, 생명 경시 현상 등이 모두 인본주의와 진화론에 뿌리를 두고 있다. 창조를 모르면 사람이 하나님의 형상으로서 고귀한 존재라는 것을 알 길이 없고 어디로 가고 있는지 어디로 가야 하는지를 알 수가 없다.

창조와 진짜 역사를 버리면 창조주도 버리게 되고 복음도 의미 없게 된다. 창조(creation)–타락(corruption)–홍수 심판(catastrophe)–언어 혼잡(confusion)의 역사를 모르면 이 세상을 바르게 이해할 수 없다. 우리는 왜 자연재해와 질병, 고통과 죽음의 문제를 짊어지고 살아가는지, 왜 각기 다른 언어와 인종과 종교를 갖게 되었는지, 그로 인해 나라 간에 왜 갈등하고 전쟁까지 벌이는지 이해할 수 없다. 죽음과 고통의 세상을 창조한 창조주를 비웃거나 원망할 수도 있다. 결국 예수님이 왜 필요한지도 알 수 없다.

예수님은 이 땅에 오셔서 하나님이 독생자를 내어놓기까지 세상을 사랑하신다고 말씀해 주셨다(요 3:16). 그런데 예수님은 이 말씀을 하기 전에 이렇게 질문하셨다.

내가 땅의 일을 말하여도 너희가 믿지 아니하거든 하물며 하늘의 일을 말하면 어떻게 믿겠느냐 (요 3:12).

선지자들이 알려 준 말씀, 창조(creation)와 타락(corruption)과 저주, 홍수 심판(catastrophe), 바벨탑 사건(confusion) 등 이 땅에서 이루어진 일들을 알고도 믿지 않으면 하늘에 속한 대속과 영생의 복음이 이해될 수 없다는 것이다. 진화론은 이 땅의 일들이 사실이 아니었다고 주장하여 복음의 필요를 없애 버리는 거짓말이다.

또 역사적인 첫 아담이 사실이 아니라면 두 번째 아담인 예수님이 의미가 없게 된다. 한 사람 아담 때문에 모든 사람이 죄인이 되었고 죽은 것이 사실일 경우에만 또 다른 아담인 예수님 때문에 모든 사람이 죄를 벗을 수 있기 때문이다. 그러므로 성경의 창조와 역사를 모르거나 부인하면 그리스도도 버리게 되고 복음은 더 이상 복음이 아니게 된다. 진화론은 첫 번째 한 사람 아담을 부정함으로써 복음을 공허하게 만들어 버린다.

진화론이 받아들여지는 곳마다 역사가 왜곡되고 죽음과 복음의 의미가 없어지기 때문에 신학교들은 성경을 비판하고 사람들은 교회를 떠나고 있다. 사람들의 삶은 의미가 없어지고 반윤리적인 행위들이 독버섯처럼 퍼져가고 있다. 유럽이 그랬고 미국이 그런 과정의 후반을 지나고 있고 한국도 상황이 비슷해 보인다. 유럽의 교회당들이 거의 문을 닫은 것처럼 미국의 교회당들이 문을 닫기 시작했다. 이런 현상은 진화론 교육이 시작되고 두 세대만 지나도 어김없이 나타난다. 그러나 꼭 기억하기 바란다. 진화론은 과학이 아니라 자연사(自然史, natural history)다. 더욱이 사실이 아니기 때문에 반드시 자연사(自然死)하게 되어 있다.

개인과 교회가 진정으로 살기 위해서는 진화론으로 황폐해진 마음의 밭을 갈고 복음의 씨를 뿌려야 한다. 그렇게 하기 위해서는 성경에 기록된 대로 변개하지 않은 창조와 성경의 역사가 믿어지도록 배우고 가르쳐야 한다. 진화론으로 세뇌된 마음을 바꾸는 데는 성경을 믿는 과학자들의 수고와 도움이 필요할 것이다. 이 책도 그런 의미에서 나온 것이고 필자는 너무나도 부족하지만 이런 일을 할 수 있어서 기쁘다. 독자들과 주님의 교회가 세상의 철학과 이론에 휘둘리지 말고 성경을 하나님의 말씀으로 믿고 하나님을 사랑하며 믿음을 지키고 실천하며 다음 세대에도 그 믿음을 그대로 물려주는 아름다운 일들이 계속 이어지기를 바란다.